LE PROFESSEUR TARANNE

and

PIQUE-NIQUE EN CAMPAGNE

TWENTIETH CENTURY FRENCH TEXTS

Founder Editor: W.J. STRACHAN, M.A. (1959–78)
General Editor: J.E. FLOWER

ANOUILH: *L'Alouette* ed. Merlin Thomas and Simon Lee
ANOUILH: *Le Voyageur sans bagage* ed. Leighton Hodge
BAZIN: *Vipère au poing* ed. W.J. Strachan
BERNANOS: *Nouvelle Histoire de Mouchette* ed. Blandine
Stefanson
CAMUS: *Caligula* ed. P.M.W. Thody
CAMUS: *La Chute* ed. B.G. Garnham
CAMUS: *L'Étranger* ed. Ray Davison
CAMUS: *La Peste* ed. W.J. Strachan
DE BEAUVOIR: *Une Mort très douce* ed. Ray Davison
DUHAMEL: *Souvenirs de la Grande Guerre* ed. A.C.V. Evans
DURAS: *Moderato cantabile* ed. W.J. Strachan
DURAS: *Le Square* ed. W.J. Strachan
ERNAUX: *La Place* ed. P.M. Wetherill
ETCHERELLI: *Élise ou la vraie vie* ed. John Roach
GENET: *Le Balcon* ed. David Walker
GIDE: *Les Faux-Monnayeurs* ed. John Davies
GIRAUDOUX: *Electre* ed. Merlin Thomas and Simon Lee
GISCARD D'ESTAING: *Démocratie française* ed. Alan Clark
LAINÉ: *La Dentellière* ed. M.J. Tilby
MAURIAC: *Destins* ed. Colin Thornton-Smith
OUSMANE: *Ô Pays, mon beau peuple!* ed. P. Corcoran
ROBBE-GRILLET: *La Jalousie* ed. B.G. Garnham
ROBBE-GRILLET: *Le Rendez-vous* ed. David Walker
SARTRE: *Huis clos* ed. Keith Gore
SARTRE: *Les Jeux sont faits* ed. M.R. Storer
SARTRE: *Les Mains Sales* ed. W.D. Redfern
SARTRE: *Les Mots* ed. David Nott
TROYAT: *Grandeur nature* ed. Nicholas Hewitt
VAILLAND: *Un Jeune Homme seul* ed. J.E. Flower
and C.H.R. Niven
CLARK (ed.): *Anthologie Mitterrand*
CONLON (ed.): *Anthologie de Contes et Nouvelles modernes*
HARGREAVES (ed.): *Immigration in Post-War France: A
documentary anthology*
HIGGINS (ed.): *An Anthology of Second World War French
Poetry*
KING (ed.): *Albert Camus:* Selected Political Writings
MORTELIER (ed.): *Anthologie Prévert*
SCOTT (ed.): *Anthologie Éluard*

TWENTIETH CENTURY TEXTS

Arthur Adamov

LE PROFESSEUR TARANNE

and

Fernando Arrabal

PIQUE-NIQUE EN CAMPAGNE

Edited by
Peter Norrish
Professor of French, Victoria University of Wellington

R

Routledge

First published in this edition in 1988 by
Routledge
11 New Fetter Lane, London EC4P 4EE

Text of Le Professeur Tarrane © *1953 Editions Gallimard.*
Text of Pique-nique en campagne © *1968 Christian Bourgois*
Introduction and Notes © *1988 Peter Norrish*

Typeset on 10/12 pt by Colset Private Ltd, Singapore
Printed in Great Britain by The Guernsey Press Co. Ltd
Guernsey, Channel Islands

British Library Cataloguing in Publication Data

Adamov, Arthur
Le Professeur Taranne.——(Twentieth century French texts).
I. Title   II. Norrish, Peter, 1925–
III. Series
842'.912

ISBN 0–415–01713–0

CONTENTS

ACKNOWLEDGEMENTS

The editor and publishers would like to thank Éditions Gallimard, Paris, for permission to reproduce their text of *Le Professeur Taranne*, and Christian Bourgois, éditeur, and Union Générale d'Éditions, Paris, for permission to reproduce their text of *Pique-nique en campagne*.

INTRODUCTION

THE 'NOUVEAU THÉÂTRE'

The 'théâtre philosophique' or 'théâtre d'idées'[1] of mythical, psychological, Existentialist, and other types, which had given new substance to French theatre in the 1930s and during the Second World War, remained important in the early years after the war, but from around 1950 its place in the forefront of serious Parisian drama was gradually taken by a new type of theatre. The chief difference of the 'nouveau théâtre', as it came to be called, from the 'théâtre d'idées', was that it relied much less on ontological and ideological *discussion* to interest audiences, and much more on direct *demonstration* of various aspects – mostly black ones – of the dramatists' perception of the human condition. Arthur Adamov's name was closely associated with the New Theatre from the start, while the younger Fernando Arrabal's plays echoed some of its themes and techniques later.

Samuel Beckett and Eugène Ionesco, the new leaders in theatrical invention, broke new ground in several ways. After Jean-Paul Sartre and Albert Camus, for instance, had used the stage to popularize their somewhat different ideas about the world, and their even more different ways of dealing with the problems of living, Beckett and Ionesco showed much more fully just what these problems seemed to be (or, rather, what they seemed to have become, having worsened). In *Les Justes* (1949), for example, Camus had given prominence to a debate on whether the end justifies the means in the context of revolutionary activity, and made his warm-hearted heroes emphatically set limits on what is humanely permissible; whereas Sartre, in *Les Mains sales* (1948), had implicitly championed political commitment of a more ruthless kind. Even earlier, Jean Giraudoux and Jean Anouilh, in *Électre* (1937) and *Antigone* (1944) respectively, had also featured debates centred on a conflict of values. Beckett and Ionesco, on the other hand, suppressed most of the arguments about the nature of living and priorities in human conduct. What is more, while they went much further than their predecessors in depicting symbolically actual basic situations, many of them horrifying, they differed also fundamentally from Sartre and Camus in offering no solutions, other than ones of courage and attempts at comradeship and cheerfulness, to these situations or to the human predicament in general. Ionesco claimed that there *were* no solutions available to us any more:

> D'ailleurs, on s'aperçoit maintenant que toutes les clefs données par le théâtre idéologique, brechtien ou autre, étaient de fausses clefs. Il n'a fait ouvrir aucune porte, il n'a donné aucune solution. Il n'y a d'ailleurs pas de solutions, pour le moment, à donner à la condition humaine. Aussi bien le socialisme que le libéralisme ont échoué. La vie est invivable.[2]

No doubt the feeling that all ideologies had failed was a prime reason for the intensification of despair in the New Theatre. In spite of recent disasters such as the occupation of France, Camus and Sartre had seen meaning which might result at least from humanitarian or political endeavour. Ionesco and Beckett, by comparison, depict a world which seems more totally meaningless, because there is very little hope left for it.

By avoiding debate and implicit advice, the New Theatre did away with the dangers of too much rhetoric, or of falling even into the non-dramatic sphere of didacticism. It offered instead new forms of tragicomic 'poetry', with greater immediate dramatic possibilities. In spite of the supposedly anti-literary tendency of the New Theatre, its language did retain some of the beauty and eloquence found in earlier, distinctly literary plays, such as those of Giraudoux or Claudel, but poetic effects of a different kind were created also by its startlingly new approaches to characterization and to plot. In addition, the visual aspects of its drama, such as obvious evidence of bodily degeneration or comic routines reminiscent of the circus or music-hall, were given greater prominence, as were the auditory ones – so much so that the sounds and the rhythm of words, including pauses between them, were sometimes more important than their meaning.[3] In this way, the very notion of *l'absurde*, by which Camus, for example, meant, in broad terms, the apparent meaninglessness of existence and the dreadful disparity between what human beings long for and what they actually get from life, was given an excitingly fresh dramatic life by radical technical innovations.

Martin Esslin, who invented the term 'theatre of the absurd' to describe the best-known, Beckettian elements of the New Theatre,[4] was the first to point out the extent of the changes in technique which its playwrights introduced, as they sought to use 'the concrete and objectified images of the stage itself' to integrate subject-matter and form.[5] Thus, in *En attendant Godot* (1953) and *Fin de partie* (1957), Beckett sacrificed the psychological complexity and in-depth development of characters, together with clear linear progression of plot, to which audiences had long been accustomed, to a theatre of *situation* of an intensity never dreamt of even by Sartre, who first used that term.[6]

In *Godot*, Estragon and Vladimir are a couple of ordinary, rather decrepit, tramp-like men who wait in vain for the arrival of someone or something they hope will transform their empty, uncomfortable, and anxious existence. The master–servant relationship of another couple, Pozzo and Lucky, in that play is renewed in *Fin de partie* by Hamm and Clov, who seem to be waiting for the end of their miserable lives after some cataclysmic disaster. Nothing much in the way of conventional action happens in either play. But in both of them dramatic interest is aroused and maintained by the dynamic and complex symbolism of the characterization as well as by clowning and exchanges which range from cheerful repartee to cries of despair, as the men bravely struggle to endure helplessness, bewilderment, and physiological decay. Beckett's plays thus provide for wide differences in interpretation, in terms of both meaning and mood. His characters may be seen at once as separate individuals and as parts of a single personality, and in the latter case may seem also to represent a composite Everyman figure. Sometimes they appear to be conscious of themselves as actors. In general, Beckett's characterization also blends comedy with tragedy, as well as identification with distanciation. We may laugh at his creatures at the same time as we feel sorrow for them – and for ourselves.[7] They appear as if in a dream-world or a Dantesque ante-purgatory (from which, however, there seems to be in their case no escape), and yet they are also like us, being heightened dramatic transcriptions of our own confusion and of our apprehension, mirroring our own misfortunes and frustrations too, in situations which we cannot but recognize as having affirmities with our own. The dialogue of both plays has poetic moments of great poignancy. At the same time, the aesthetic aspects are greatly enhanced by careful attention to structure: the circular plot of *Godot*, for example, with its use also of refrains, stresses the necessity of constantly going on, beginning again at a point beyond which little progress has been made, thus giving a shape to the play which is beautifully consistent with the inconclusiveness of its action. Similar situations, with technical, poetic, and other aesthetic means used to bestow artistic order on a disordered world, are to be found in Beckett's later plays, notably *Oh les beaux jours* (1963; originally written in English and entitled *Happy Days*).

An even bigger shock to the expectations of audiences than the one provided by *Godot* had already been given by Ionesco's *La Cantatrice chauve* (1950). That play simply stood all the conventional 'rules' of drama on their head. Ionesco labelled it an 'anti-pièce', and it is indeed the contrary of a traditional 'well-made' play.[8] Like *Godot, La Cantatrice chauve* has *no* plot to speak of, *no* crisis, *no* conclusion, and it goes round in circles. *Unlike* Beckett's play, its title bears no relationship to its contents. What is more, its characters are much more bereft of personality than Beckett's: they are non-people, whose very superficial and indeed interchangeable identities are outstripped in forcefulness even by a clock, which is heard chiming seventeen times at the start of the play, and seems to suit itself in signalling a variety of other hours shortly afterwards, and to demand attention, even making the spectators jump, with an extremely loud single bang towards the end of scene iv! Beneath this farcical and highly entertaining surface lies satire, of course, not only of plays but of people. The empty twaddle which serves as dialogue reflects the poverty of minds and hearts, the lack of inner life, which Ionesco detects in ordinary middle-class society.

Ionesco's later plays, such as *La Leçon* (1951), *Les Chaises* (1952), *Victimes du devoir* (1953), *Rhinocéros* (1960), and particularly *Le Roi se meurt* (1962), which is a kind of lesson in the art of dying, are in general much more sombre, and often quite sinister. But the overall tone of his work is lighter than Beckett's, and he sought, through the use of violent, exaggerated, grotesque farce, to express some of the tragically 'unbearable' aspects of living:

Aller à fond dans le grotesque, la caricature [. . .]. Pas de comédies de salon, mais la farce, la charge parodique extrême. Humour, oui, mais avec les moyens du burlesque. Un comique dur, sans finesse, excessif. Pas de comédies dramatiques, non plus. Mais revenir à l'insoutenable. Pousser tout au paroxysme, là où sont les sources du tragique. Faire un théâtre de violence: violemment comique, violemment dramatique.[9]

Importance of Adamov and Arrabal in the New Theatre: some productions

Adamov and Arrabal deserve much more attention from teachers, critics, and literary historians than they have been given so far, with some important exceptions,[10] since they are perhaps the most outstandingly creative writers of the New Theatre after Beckett and Ionesco. Their plays are, in very different ways, closer to the satirically, darkly comic type of New Theatre introduced by Ionesco than to Beckett's new kind of tragedy.[11] But they are very much associated with the whole spirit of the New Theatre, in its attempts to bring to the stage new concepts and new techniques of drama, as different from the more literary Theatre of Ideas which preceded it as the Theatre of Ideas itself was from the frivolous, naturalistic shows which mostly constituted dramatic fare in Paris at the start of the century. Each of these dramatic initiatives took huge strides, in different directions, but showing that they were equally determined to move towards restoring to serious French theatre some of its strengths of the more distant past.

A very important part of this renaissance has been in the area of production. As in the case of some other modern playwrights (Claudel, for example), Adamov and Arrabal owe their success not only to the words they have written, but to the purely scenic methods and innovations of other people. Theatre directors in France as elsewhere have assumed an ever more vital role as this century has progressed. In its early years, Jacques Copeau inspired a number of other producers (among them Dullin and Jouvet) to work with playwrights and actors to create serious, innovative theatre. With the advent of the New Theatre, directors took on even greater responsibility, as they dared to work more independently and to try out some brave and original experiments. This has been so in the case of both Adamov and Arrabal, whose plays have been treated to some very free and imaginative adaptations. For example, Roger Planchon produced in 1975 a composite and partly biographical version of some of Adamov's plays, called 'A. A. théâtres d'Adamov', in two parts. The first part was played in the theatre foyer, and contained excerpts from the early plays, acted while the audience stood around. Part two saw actors and spectators move into the auditorium, where the stage set included a high fence around a property which proclaimed itself private in bold letters, and a train for revolutionaries on a real railway line, representing Adamov's rich childhood and the intrusions upon it of the political world outside. This second part featured parts of the autobiographically inclined plays, *Le Sens de la marche* and *Comme nous avons été*, mixed together.[12]

In even more striking fashion, some of Arrabal's plays owe a lot to the very loose and brilliant adaptations of directors Victor Garcia, Jorge Lavelli, and Jérome Savary. They were keen to develop 'scenic writing', meaning the creation of forceful images on the stage, and other inventions, at the expense if necessary of 'dramatic writing', that is, the original text.[13] Thus, Garcia's production of *Le Cimetière des voitures* at the Festival de Bourgogne in Dijon in 1966, and again at the Théâtre des Arts in Paris in 1967, consisted in fact of a *montage* of that play and three others also written by Arrabal: *Oraison, Les Deux Bourreaux*, and *La Communion solennelle*. The performance ended with a funeral procession, a resurrection, and hilarious celebrations, in a sequence entirely made up by the director.[14] Garcia had the spectators sit on revolving chairs, so as to be able to swivel and watch no less than six different acting areas. The only décor consisted of the shells of six old cars, suspended from the ceiling; the actors moved through and under them.[15] The autonomous role of the director was seen again in the various very different versions of Arrabal's most highly regarded

play, *L'Architecte et L'Empereur d'Assyrie*, produced by
Lavelli and later by others.[16] Savary's production of *The
Labyrinth* in London in 1968 (after it had opened as *Le Labyrinthe* in Paris the previous year) was another example of
independent, creative direction. The actors moved among
the audience, arranged sectionally, with some seats even on
the stage, and at one point invited spectators to dance with
them. Savary improvised the performance, conducting it
from various positions in the auditorium and creating 'an
atmosphere of fun and excitement which is a mixture of
fiesta, carnival, cabaret and nightclub, fairground, dance-
hall, orgy and revivalist meeting'.[17] All this autonomous
work by directors was entirely supported by Arrabal himself,
who is quite happy to have his plays altered in productions if
this helps to make the spectacle 'an extraordinary theatrical
event, a magnificent ceremony'.[18]

Surrealism, Jarry, Artaud, and the avant-garde

If the New Theatre may be said to have grown out of the
Theatre of Ideas, while reacting against it as far as technique
is concerned, it should also be seen as part of a wider avant-
garde movement which includes non-absurdist playwrights
like Ghelderode, Audiberti, and Schehadé,[19] as well as the
rebellious and highly imaginative and skilful outsider Jean
Genet. Avant-garde theatre as a whole incorporates several
of the facets of surrealism, particularly that movement's pre-
occupation with the unconscious and the state of dreaming,
still very much present in Adamov and Arrabal and other
dramatists of the New Theatre, but dating back to the late
1920s and 1930s, with the inventive plays of Jean Cocteau.
The first so-called 'drame surréaliste', which foreshadowed
some of the grotesque surprises of later avant-garde work,
was Guillaume Apollinaire's *Les Mamelles de Tirésias*
(1917). But the most important instigators of the avant-garde
were Alfred Jarry and Antonin Artaud.

Jarry was one of the first playwrights to eschew both the

literary kind of drama, with its emphasis on elegant dialogue and subtle character-study, and the kind of set which copies reality outside the theatre. His *Ubu roi* (1896) is of considerable historical importance as an anti-literary and anti-naturalist event. It joyfully parodies human greed, cowardice, selfishness, cruelty, hypocrisy, and other negative traits, in a seemingly crazy yet archetypal farce which pays scant respect to the bourgeois public. In scenes whose location is indicated by simple placards, its puppet-like characters exude vulgarity in a wild, fantastic romp, providing the first significant celebration of the grotesque in modern theatre.

Artaud was one of Jarry's admirers, and he eventually came to have enormous influence on avant-garde writers, as a theorist rather than as a playwright.[20] Being himself influenced particularly by Balinese theatre and its stress on bodily movement, he led the way to 'total theatre' and more emphasis on 'scenic writing', with attention both to spectacle and to sound. His two manifestos[21] pleaded for less reliance on the written text, and the creation of 'une sorte de langage unique à mi-chemin entre le geste et la pensée'. Words themselves would continue to play their part, with attention to would-be spellbinding intonation and pronunciation, but Artaud thought it essential to combine this with more effective scenic language, with objects, movement, sounds, attitudes, and gestures used as 'signs'. As for subjects, the theatre should, in Artaud's view, turn its back on the psychology of the individual, and concentrate instead on a merciless exposure of the innermost tendencies of the human species as a whole. 'L'homme total', taking the place of 'l'homme psychologique', would be seen in his dream-life as well as his waking life, and his most extreme tendencies would thus be revealed. People would be able to glimpse through theatre not only their deeper, hidden selves, but metaphysical reality also, in particular the chaotic condition of a perpetual conflict with destiny which they must endure. This would be done by a visual and auditive assault on their senses and sensibilities which is akin to a kind of magic or ritual:

> Ce qui importe, c'est que, par des moyens sûrs, la sensibilité soit mise en état de perception plus appro-fondie et plus fine, et c'est là l'objet de la magie et des rites dont le théâtre n'est qu'un reflet.[22]

Artaud also hoped to achieve his ends (and foreshadowed part of the ambitions of 'happenings') by doing away with the physical gap between stage and auditorium:

> Nous supprimons la scène et la salle qui sont remplacées par une sorte de lieu unique, sans cloisonnement, ni barrière d'aucune sorte, et qui deviendra le théâtre même de l'action. Une communication directe sera rétablie entre le spectateur et le spectacle, entre l'acteur et le spectateur, du fait que le spectateur placé au milieu de l'action est enveloppé et sillonné par elle.[23]

While surrealism, Jarry, and Artaud have all had a profound effect on the whole of the avant-garde, in its various manifestations in French theatre (with some reservations being expressed about methodology of the kind proposed by Artaud),[24] their anti-naturalist tendencies, as reflected in the early plays of Adamov and the entire output so far of Arrabal, have taken the form of some particularly strong and surprising images. At the same time, a substantial part of the drama of both these writers is linked, quite extraordinarily so, with the severely troubled nature of their own experiences. If Arrabal suffered grievously, especially in his youth, because of family circumstances, the whole life of Adamov, once he had become a refugee while still a small child, was fraught with disaster. Each man has written partly in order to try to free his mind from bitter memories.

ARTHUR ADAMOV

In a review of Adamov's *Ping-Pong*, Albert Bermel claimed that in many respects Adamov is more rewarding than either Beckett or Ionesco.[25] This may be so, though it has to be said that, in the case of this play and of his theatre as a whole, Adamov was not nearly as successful in terms of public acclaim as either of his illustrious colleagues. What is certain, however, is that his name was closely linked with theirs by critics in the early days of the new avant-garde, and that the connection continues to be made, with good reason. The year of Ionesco's *La Cantatrice chauve*, 1950, was also the year when two of Adamov's plays *La Grande et la Petite Manoeuvre* and *L'Invasion*, were produced, all three of them in Paris. Adamov was thus seen to play a significant part in the launching of the 'theatre of the absurd'. People spoke, and still speak, of 'the new theatre of Adamov, Ionesco and Beckett'.[26]

Adamov's life: a descent

Arthur Adamov was born on 23 August 1908 in Kislovodsk in the USSR (Northern Caucasus). He soon became acquainted with disaster. His family owned a substantial quantity of oilfields near the Caspian Sea, but they lost all of them when they were nationalized after the Revolution in 1918, so that the Adamovs were plunged from great wealth into poverty. Well before that, they had become refugees, leaving Russia first for Germany in June 1914 because of the threatening political situation at home, and then for Switzerland later in the year because of the outbreak of the First World War (a state of war having existed between Germany and Russia from 1 August). They returned to Germany in 1922, and Arthur went to a French *lycée* in Mainz; he already spoke French fluently, after six years in Geneva, and having spoken the language at home before that. Finally, the Adamov family moved to Paris in 1924, where the boy continued his studies at the Lycée Lakanal in Bourg-la-Reine. Though he was still to travel quite a lot, he made Paris his home for the rest of his life, throughout which he continued to undergo a great deal of suffering.

His father failed to refill the family coffers by gambling

and committed suicide in 1933. In *L'Homme et l'enfant* (1968), Adamov recalls the painful errands his mother used to send him on in Mainz:

> Je passe une nuit sur deux à aller chercher mon père au casino, c'est ma mère qui commande, j'obéis. Mais ce que je peux les haïr ce casino, et cet escalier qui monte jusqu'à la salle de jeu, et ce portier blême par lequel il faut nécessairement passer, et ce père enfin, menteur, lâche et plus blême encore que le portier: «Va dire à maman que je gagne, que j'arrive aussitôt.» (p. 26)

Misadventures in his youth and young manhood included being expelled from school for persistent absenteeism, and narrowly escaping expulsion from France for publishing an anarchist brochure (Malraux intervened on his behalf). During the war years, he was reduced to selling newspapers and delivering books in order to live, and in 1941, having been arrested for hostile comments about the Vichy government, he spent six months in a concentration camp.

Also in *L'Homme et l'enfant*, he writes of his masochistic sexual adventures in early middle age, his long since habitual heavy drinking, and his recourse to heroin. Later, in December 1965, he speaks in his *Journal* (part of the same volume) of his professional disappointments and the pressing need for things to improve in that respect:

> Importance d'obtenir la victoire sur le plan professionel. Se sentir affirmé, pousser en avant.
>
> Ne plus être le commis voyageur, le pauvre type qui gagne dans ses tournées quelques livres ou quelques westmarks. Triompher dans son propre travail et son propre pays, le pays dans la langue duquel on écrit. (p. 180).

In any case, he felt he *had* to write, if only to try to liberate himself from the mental torture engendered by a feeling of separation from something he felt was there, but which he could not understand. In another book of confessions,

L'Aveu (1946), he complains right from the start of his strange malady, which, most significantly as far as his work is concerned, closely associates this feeling of separation with one of mutilation:

> Ce qu'il y a? Je sais d'abord qu'il y a moi. Mais qui est moi? Mais qu'est-ce que moi? Tout ce que je sais de moi, c'est que je souffre. Et si je souffre c'est qu'à l'origine de moi-même il y a mutilation, séparation.
>
> Je suis séparé. Ce dont je suis séparé, je ne sais pas le nommer. Mais je suis séparé.[27]

A footnote adds: 'Autrefois, cela s'appelait Dieu. Maintenant, il n'y a plus de nom.' Further on in the same book, he says that some invisible force seems to be in control of his actions, manipulating him in ways which he has not decided himself. In the end, recurrent suicide wishes were met; he killed himself because of severe illness brought on above all, it seems, by alcoholism.[28]

Adamov's early plays

Le Professeur Taranne is the only one of Adamov's early plays to which he remained attached in his later years, when he tired of writing intimate, self-inspired plays with implications about the human condition, and his dramatic writing became much more political, being greatly influenced by Brecht.[29] He drew satisfaction from not having used the dream, from which the substance of *Taranne* is drawn directly, for allegorical purposes:

> *Le Professeur Taranne* fut pour moi un événement, car, pour la première fois, je transcrivais simplement un rêve sans chercher à lui conférer un sens général, sans vouloir rien prouver, sans vouloir ajouter à la disculpation vraisemblablement contenue dans le rêve lui-même, une disculpation intellectuelle [. . .] je n'ai utilisé aucun des éléments de mon rêve à des fins allégoriques.[30]

Some knowledge at least of the three plays which precede *Taranne*[31] is, however, necessary for a fuller understanding of the kinds of subject and drama which first attracted him, and resulted moreover in what is probably his best work.[32]

The first of his plays, *La Parodie*, was completed when Adamov was already 39, and first performed in June 1952, when he was nearly 44 (the production of *L'Invasion*, his second play, preceded it). It may be seen as a parody, first and foremost, of life in a big modern metropolis, with the forces of law and order very much in evidence. Its visual and sound effects are very important. The city's inhabitants are seen to move jerkily, like puppets, and uncomfortably, because of the distressing, frightening glare and din which dominate their environment. There are sudden plunges into darkness, but most of the time there is a harsh blaze of light, with the headlights of police vans flashing across the stage, accompanied by the noises of motors, whistles, and sirens, which indicate, as the stage directions specify, that 'la rafle sévit dans la ville'. Parody is blended with pessimism, as the satire extends to the ordinary path of life itself, which is depicted as being full of pain and frustration, beginning with disappointments associated with love. A placard displayed prominently in the prologue, bearing the words 'l'amour vainqueur', scarcely has its message validated by the action of the play. Attention is centred on two male characters. The frantic agitation of L'Employé contrasts with the stiff inertia of a pathetic, supine creature who is simply called 'N.', but the behaviour of each man is shown to be equally ineffectual. N. says that he did not choose to live, but he would like at least to be able to choose his way of dying. Both these characters are infatuated with Lili, an archetypal figure, surrounded by men calling to her. N. reproaches Lili for not having carried out her promise to kill him. 'Tuez-moi', he pleads. 'Je désire mourir lentement, sous votre regard, comme une bête anéantie à petit feu.' The very least she can do for him, if she is not prepared to kill him yet, is to strike him in the face. Lili's response to N., as to L'Employé, is vague, but sufficient to give him hope for the fulfilment of his wishes in the future.

Successive tableaux depict rapid changes of circumstances and much confusion, as in dreams, indicating the strong influence on Adamov of August Strindberg, and particularly of Strindberg's *A Dream Play* (1902).[33] Like other early plays by Adamov, this one has a strong expressionist flavour, with revelations of inner torment through a loosely constructed plot, which is not only episodic, as dreams tend to be, but also involves violent and grotesque situations. In the second tableau the Employé and N. wait in vain for the arrival of Lili, with the sign proclaiming the victory of love still ironically displayed behind them. L'Employé thinks that 'l'armour triomphe' when he hears some soft dance music in tableau three, but he is treated roughly by the manager of the dance-hall, who pushes him towards the exit. More frustration follows for him: the dance-hall turns into the foyer of a big hotel in the following scene, but when he asks for the best room he is told the hotel is full; still desperate to find Lili, he asks if she has been seen, to no avail.

The second part of the play, which has six tableaux like the first, is similarly packed with disappointing blows and setbacks for the two protagonists. Already in the seventh tableau L'Employé has become 'méconnaissable' with 'les cheveux blancs'. He tries to attract the attention of a waiter in a café, but it has closed for the night. Having been given the sack from his job, he becomes 'plus agité que jamais'. Meanwhile N. continues to spend his time in his customary prostrate position, and in the ninth tableau we find him stretched out beneath a clock, talking incoherently about the likely death of a woman whom we assume to be Lili. He thinks of himself not only as mud, but as mud which is suffering or sick, which he has been dreaming about. Having given up hope of finding Lili again, he asks a prostitute to walk on him, to kill him even, but she seems to be on the run, perhaps escaping from the police round-up, the presence of which continues to make itself felt. He removes his jacket, shirt, and shoes, and offers them in payment to her. But she is too afraid of being punished, and takes off, leaving N. to get dressed. By the end of the play, N. has become a corpse, having probably been run over by a car, and the journalist points out that he more or less got what he wanted. He is swept off the stage by cleaners as if he were a piece of household rubbish. The other characters are hardly more fortunate. L'Employé ends up in prison without apparent reason, and is obviously near the end of his strength. Lili runs after the journalist, who is coldly indifferent to everyone, and says that he is 'peut-être le seul à pouvoir me passer d'elle'.

This first play is important for our purposes, since it provides a clear indication both of the vision and the personal obsessions of its author in the earlier period of his dramatic writing. In particular, it hammers home the message that communication between people is very difficult. Its minor characters, like the two twin couples who exchange partners in a silent sequence of offers and refusal to dance in the eleventh tableau, are like its major ones, engaged in a *dialogue de sourds*, with no one really interested in the approaches made by another. Adamov had been impressed by 'la solitude dans le côtoiement' which he noticed around him, and which he thinks his constant reading of Strindberg at the time helped to impress upon him. He talks about this in the very helpful 'note préliminaire' to volume two of his *Théâtre*, connecting it also with a street incident he had observed, when a blind beggar was jostled unintentionally by two young women passing by without noticing him:

> elles chantaient: «J'ai fermé les yeux, c'était merveilleux . . .» L'idée me vint alors de montrer sur la scène, le plus grossièrement et le plus visiblement possible, la solitude humaine, l'absence de communication. Autrement dit, d'un phénomène vrai entre d'autres, je tirais une «métaphysique». Après trois ans de travail, et de multiples versions – dont la première mettait en scène l'aveugle lui-même! – ce fut *La Parodie*.[34]

But Adamov goes on to explain that *La Parodie* was also an

expression of his revolt both on a literary and on a highly
personal level. As a disciple of Artaud, he had wanted to
break away from the psychological type of theatre, still
found in the Theatre of Ideas. As a man, he had wanted to
justify, through 'N.', his negative attitude towards living,
since blind acceptance of life's demands (seen in L'Employé)
led to equally fruitless results. Moreover, in sentimental
matters, he had another axe to grind:

> Ceci dit, *La Parodie* n'a pas été seulement pour moi une
> tentative de justification («j'ai beau être comme N., je ne
> serai pas plus puni que l'Employé»), mais aussi un acte de
> rébellion. Nourri du *Théâtre et son double*, écoeuré
> surtout par des pièces dites psychologiques qui encom-
> braient et encombrent encore toutes les scènes, je voulais
> élever ma protestation. Dans un tout autre domaine, je
> voulais aussi me venger; Lili me permit cette vengeance. Et
> en fait, c'est à cause de cette révolte et de cette rancoeur
> naïves qu'il reste quand même dans *La Parodie* quelques
> phrases émouvantes.[35]

Adamov's personal experiences, including the maso-
chism[36] so clearly reflected in *La Parodie*, undoubtedly
influence his study of human relationships, seen mostly as
hurtful, in his other early plays. *L'Invasion* (1950), for example, examines the relationship within a family, its four short
acts being all confined to one room. The main characters,
having assumed responsibility for the interpretation and
reconstitution of a manuscript left by a man who has died,
quarrel over the ways in which this task should be conducted.
Pierre, the deceased's best friend, and Agnès, his wife, work
on the text with another man, Tradel. Pierre shows dissatis-
faction with the work of both his collaborators, and loses
Agnès to another man (the Premier Venu) because of his
seeming indifference towards her. He becomes so agitated
that he shuts himself up for a fortnight to try to make progress and find peace of mind, but ends by killing himself. The
title may refer both to the cruel ways in which events and

people, and even objects (the proliferation of papers every-
where accentuates the stifling atmosphere), encroach on the
lives of Pierre and Agnès, and to a small sub-plot about
problems of immigration.

Much more revealing of Adamov's early manner (and his
utter rejection of part of it later) is, however, *la Grande et la
Petite Manoeuvre* (also 1950). Two type-characters, the 'Militant' and the 'Mutilé', are the more fully rounded counterparts of L'Employé and N. respectively in *La Parodie*. The
Militant's commitment to political battle, in unquestioning
support of 'le Mouvement', takes pride of place over his
private life, to the point of his obeying a call to make a speech
at the time of the death of his child. His wife's bitter resigna-
tion to the militant priorities of men – a situation often
found in Camus's plays – disgusted Adamov later. In fact,
he denounced the whole of this aspect of the play because of
its falsity.[37] Meanwhile, the Mutilé, taken from one of
Adamov's dreams,[38] is the prey of mysterious hidden forces
(the 'voix des Moniteurs') whose orders he feels compelled to
obey. By the third tableau we learn that, as a result of having
been distracted by 'them', he has lost his hands by getting
them caught in a machine at the factory where he was work-
ing. The Moniteurs, like the classical Furies, keep up their
attacks on him, eventually rendering him limbless. For a
time, he thought he had escaped their merciless clutches
through his love of Erna, another strange character, whose
feelings of pity for the Mutilé give way to monstrous ferocity
when she imagines she is being abandoned by him. Not
understanding his frantic efforts to obey the voices, on one
occasion (seventh tableau) she makes him fall by snatching
his crutches from him, and finally, when he is a near-total
cripple, she kicks him in his little carriage out into the street,
shrieking with laughter.

Le Professeur Taranne

Adamov's best-known play, *Le Professeur Taranne*, was

written in 1950 and first produced in 1953, directed by Roger Planchon at the Théâtre de la Comédie in Lyons. The schematic, practically nameless type-figures (N., the Mutilé) we have so far seen to rather crudely allegorize their creator's intensely stressful and masochistic personality, are succeeded by a more complex and subtle character in Professor Taranne. Like the others, Taranne is used by Adamov to re-create his own experiences in life, particularly in dreams which turn into nightmares. Unlike the others, however, in the first place he is obsessed by an apparent desire for understanding both of himself and of the world which constantly oppresses him. More importantly, if he shares their helplessness and seems to end similarly in defeat, his struggle against the forces of life and of society is much more dramatic than theirs, both because suspense is maintained by the uncertainty of what is really going on and of what is to happen to him, and because of the ambiguity of his own behaviour right up until that last, richly intriguing moment of apparent submission. The play gives greater dramatic pleasure also because it allows for a stronger feeling of identification with its protagonist. For Taranne is not *just* a masochistic author-symbol, who gets trampled on, whether willingly or unwillingly, like N., or utterly crushed, like the Mutilé, but a person whose bewilderment and fear, in the face of a variety of uncomfortable experiences, we can recognize as having more universal application, particularly to the extent that they are compatible with the revelations of modern psychiatrists about the significance of dreams.

Adamov himself attributes the success of *Le Professeur Taranne* to gratification on the part of the spectator which comes from a combination of feeling both *like* (unconsciously) and *unlike* (consciously) its protagonist:

D'où vient que *Le Professeur Taranne*, où tout obéit à la logique absurde du rêve, ait obtenu une adhésion du public plus complète que telle autre de mes pièces, en apparence plus claire? C'est que le spectateur s'est identifié inconsciemment au personnage central et, consciemment, s'est désolidarisé de lui. Identifié inconsciemment: nous connaissons tous, depuis l'enfance, la situation fondamentale du Professeur Taranne. Qui ne s'est pas rêvé nu et honteux de l'être, au milieu d'une foule d'autant plus inquiétante qu'elle semble inattentive? Qui n'a pas été amené soudain, à la suite de questions insidieuses, ou même de conversations indifférentes, à mettre en doute ses propres actes? Consciemment désolidarisé: nous ne sommes pas tous des professeurs d'Université, vaniteux et plagiaires. Il fallait sans doute cette identification et cette désolidarisation, pour permettre l'émotion et, en même temps, le rire qui la rend supportable.[39]

Adamov's dream, which we have seen to give rise to this play, is basically concerned, as is *Le Professeur Taranne*, with a man who is suspected by the police of having been discovered naked by some children in a public place at nightfall. Adamov's claim regarding the commonness of the experience of being seen naked in dreams is well supported by serious psychological and psychiatric theory. In *The Interpretation of Dreams*[40] Freud, for example, describes as 'typical' the 'so-called embarrassment dream of nakedness'. He believes that the great majority of his readers will have experienced this kind of situation in their dreams, adding that 'the persons before whom one is ashamed are almost always strangers with faces that have been left undetermined'. The latter observation is reflected at one remove, so to speak, in *Taranne*, when the professor, though now fully clothed, strives to establish his identity among strangers, and finds, as Freud also says happens frequently, that they respond with seeming indifference. If this contradiction between the shamed embarrassment of the dreamer and the indifference of the spectators offers some comfort in the situation described by Freud, it serves only to make Taranne more frustrated, and eventually desperate.[41]

Adamov's great interest in psychiatry, and particularly in the psychology of dreams, is manifest in his non-fictional works[42] as well as in his plays, and it was perhaps nourished by his early translation of one of Carl Jung's works as *Le Moi et l'inconscient*.[43]

The experience, or rather the accusation, of indecent exposure is far from being the only dream-like element of *Le Professeur Taranne*. The very first speech of the play, in which Taranne anxiously defends himself against this charge at the police station, giving his account of the children's arrival, already gives to what might otherwise have been a plainly realistic situation an unreal, hallucinatory or nightmarish quality of threatening, proliferating invasion:

> Je me promenais tranquillement au bord de l'eau, et puis, tout à coup, je les ai vus. Ils étaient là, tout près, ils m'encerclaient. . . Et il en sortait d'autres, de partout en même temps. Tous venaient sur moi. Alors, je me suis mis à courir. Je ne sais pas pourquoi j'ai couru.

This confession of having felt overwhelmed by children converging on him, which appears to derive from a general obsession about being watched,[44] is the prelude to a build-up of further dream-like anxiety for Taranne because of his present very different circumstances, in which he struggles to establish his identity among people who deny all knowledge of him. The apparent realism of the scene is further eroded by the entries and departures of other characters that at first seem natural, then inexplicable or plainly absurd. The sequence of events becomes gradually more bewildering and disturbing for Taranne. His frustration is increased by the contrast between the recognition of one another by a woman journalist and three other men and the disdainful way in which they all turn their backs on him. Her presence, not his, has attracted notice within the university, and, again, a fourth man knows and admires her work, not his. The Femme du Monde, who enters in the company of the Troisième and the Quatrième Monsieur, makes matters

worse by mistaking him for another man, Professor
Ménard. By the end of the first tableau, Taranne's bewilderment and frustration have turned to terror: after meeting
with nothing but rejection from the other, unlikely, visitors
to the police station, he finds himself in a total vacuum, since
everyone, even the police staff, whose departure has apparently gone unnoticed by the others, has abandoned him,
before he has even had a chance to sign a declaration.

And so the nightmare experience continues, in a second
tableau separated from the first by the sudden transforma-
tion of the police-station office into the reception area of a
hotel. In spite of the merging of the two tableaux by changing
the set in front of the spectators, a false impression is given
at first of making a fresh start, as Taranne complains of
having waited too long for the hotel manageress, 'comme
d'habitude'. However, the link with what precedes is almost
immediately re-established by the arrival of the two policemen, and although the offence they charge Taranne with is of
the utmost banality, their vaguely hostile and threatening
behaviour maintains the oppressive atmosphere, hence the
dramatic tension and suspense of the kind commonly experienced in anxiety types of dreams. Moreover, Taranne impli-
cates himself somewhat since his protestations of innocence
(he hadn't even hired a bathing-hut, so he couldn't have left
litter in it) suggest he might have been guilty of the original
charge.

The sudden, at first unnoticed, disappearance of the
policemen, who, like their predecessors, leave Taranne
alone, causes him to be alarmed again and at a loss what to do
in a continuing situation of feeling under threat. It is the
second mysterious exit of this kind, building up to a third and
final one when Taranne is stranded once more, only this time
he remains unconscious of his abandonment, and appears to
respond to an anguish which emanates not from a change of
situation, but from a surfeit of mental and emotional blows
already received.

The plot then moves forward inconsequentially to

Taranne's anguished discussion with his sister Jeanne; one recalls that Adamov's own sister was always turning up in his dreams, a fact which is also reflected in at least one other of his plays.[45] Taranne's discovery concerning his reservation for a sea voyage, for which he thinks he has not booked, adds to his bewilderment and discomfiture, though he deems it natural enough that he has been given the honour of a seat at the centre of the captain's table! He is unhappy that he might be suspected of wanting to run away. But this is nothing compared with the utter dismay he feels when Jeanne reads him the devastating letter from the Belgian university, accusing him of plagiarism among other things, and thus giving a new, incriminating interpretation to the confusion between him and his taller, more respected, colleague Ménard in the first tableau, a confusion which now suggests that both feelings of inferiority and deliberate imitation or dishonest rivalry may be involved. This stinging rebuke, coming after a painful sequence of other set-backs, accounts perhaps for his final act, when he begins very slowly to remove his clothes, which may be seen as a gesture of self-humiliation. He seems to give up fighting for the preservation of his dignity and self-assurance, and to resign himself to acceptance of the way the rest of the world sees him.

This conclusion to the play is, however, extremely surprising, and delightfully charged with ambiguity; it has given rise to a wide variety of interpretations, as has Taranne's behaviour generally.[46] As Martin Esslin puts it, 'it is by no means clear whether the play is meant to show a fraud unmasked, or an innocent man confronted by a monstrous conspiracy of circumstances engineered to destroy his claims'.[47] But we know at least that Adamov does recognize himself in Taranne, seeing the play partly as a premonition in keeping with his dread, referred to above, of becoming no more that an author invited to lecture abroad, and unknown at home in France.[48]

A large part of the play's excellence undoubtedly consists of its highly charged ambiguity. But it is also outstanding for its tense, suspenseful and economical exploitation of dream-like states. Equally importantly, it relates, as has already been suggested, more than any of Adamov's other early plays, not only to his own traumas but to more general experiences of bewilderment, frustration, and distress, whether in dreams or in the daily round, with which most other people can to some extent identify. Unlike the Employé, the Militant, the Mutilé, etc., in his earlier plays, Taranne does not primarily represent a type of activity (or lack of it). His occupation is of secondary importance to his struggle to manage as an individual, trying to come to grips with society and himself.[49] These virtues, together with the skill with which Adamov handles his dialogue (see notes to the text), have earned praise from critics, leading one to call *Le Professeur Taranne* an 'exquisite one-acter' which is 'almost unbearably potent in its dramatization of a nightmare we have all experienced, in one form or another, in our sleeping lives'.[50]

FERNANDO ARRABAL

In turning now to Arrabal, with particular reference to his *Pique-nique en campagne*, we move forward a generation and to a much younger man's play, written in 1952, when Arrabal was only 20. Partly for these reasons, no doubt, the differences between *Pique-nique en campagne* and *Le Professeur Taranne* are considerable. Both plays are neatly constructed one-acters, but Arrabal's play is much simpler, more unambiguous and apparently more light-hearted than Adamov's. Beneath its surface, however, it already foreshadows darker elements which will emerge in Arrabal's later work, including nightmarish ones which, in his case too, are directly related to his own life.[51] Rarely has a person's writing, in fact, been so greatly obsessed with intimate personal memories of childhood and youth.

Arrabal's life: a revolt

Arrabal was born on 11 August 1932 in Spanish Morocco. It was there that four years later an army mutiny, led by General Franco, prefaced the beginning of the civil war in Spain. The year of 1936 was also when Arrabal was taken by his mother, with his brothers and sister, to live with the maternal grandparents in Ciudad Rodrigo, a Spanish town near the Portuguese frontier. They moved to Madrid in 1940. He writes about childhood memories in these places in his autobiographical novel *Baal Babylone* (1959).[52] It includes references to Arrabal's father, an army officer with left-wing leanings, who had been arrested when the boy was less than 4 years old, during the preliminary *coup d'état* in Morocco, and sentenced to death for supposed rebellious activities. It was only in 1949, at the age of 17, that Arrabal discovered that his father had not in fact died, as his mother had led him to believe. Arrabal chanced upon some letters, photographs, and papers, which his mother had kept hidden, revealing that his father had had his sentence commuted to 'trente ans de prison et un jour',[53] and had later escaped from a psychiatric hospital in Burgos. He had not been seen since.

> Le jour où il disparut, il y avait un mètre de neige à Burgos et les archives indiquent qu'il ne possédait pas de papiers d'identité et qu'il était vêtu seulement d'un pyjama. Mais j'ai voyagé avec lui – en imagination – la main dans la main, par des sentiers et des galaxies, caressant des fauves inexistants, buvant à des sources et des trous d'eau douce dans le sable. [. . .] On me dit que certains veulent me faire «payer la dette»(!) pour n'avoir pas renié mon père, sous forme de censures et d'interdits. Malheur à ceux dont le coeur abrite encore l'esprit de guerre et de violence![54]

Meanwhile Arrabal's mother, who worked hard in order to be able to send him and his brother to the best Catholic schools, had forbidden any mention of his father's name at home, so ashamed was she of her husband's conviction and so anxious to instil into her children her own strong support for the prevalent insistence on loyalty to the régime, together with devout Catholicism. As a result, Arrabal was brought up as a patriotic, practising Catholic, tenderly devoted also to his mother and under the tight control of 'nationalist' doctrines which emphasized defence of religion and traditional values. But his discovery of the truth about his father caused a radical and apparently permanent change in his attitude and behaviour. He was particularly tortured by the suspicion that his mother might have assisted in his father's arrest. He rebelled against her and all she stood for, in the first place refusing to continue his training for the military career she had planned for him, and even refusing to talk to her. In particular, he became hostile towards Catholicism, and has spent the rest of his life trying to liberate himself[55] from the negative aspects of his religious education, both at school and at home, with its constant punishments and threats of hell-fire.

Ill health, with pleurisy followed by tuberculosis, marred a visit to Paris, his second, in 1955, on a bursary he was given to study theatre there for three months. But his hospitalization and long period of convalescence gave him time to write, and encouraged him to settle in France. He met again a French student, Luce Moreau, with whom he had fallen in love on a hitch-hiking trip to Paris the year before, and married her in 1958. In the same year, the first volume of his plays appeared, following a contract in 1957 with Julliard. This aroused considerable interest abroad, in England, the USA, Germany, and Denmark, and performances of his work were seen in these and other countries. However, in France he received little attention until his association, referred to above, with the 'Latin-American school' of directors (Lavelli, Garcia, and Savary) in the 1960s, and in particular the creation of *L'Architecte et l'Empereur d'Assyrie*, which opened on 15 March 1967 at the Théâtre Montparnasse Gaston-Baty, under the direction of Jorge Lavelli, and, although some critics remained hostile, made his name. Throughout that decade, and ever since, Arrabal's writing has been prolific.

The year of *L'Architecte et l'Empereur d'Assyrie* also brought fame to Arrabal throughout Europe, but not unfortunately because of his creative output. In July 1967, he combined injury to religion with disrespect for *España sagrada* in a single act which caused a sensation. While staying in his native Spain, he accepted an invitation to sign copies of the Spanish translation of one of his books, *Fêtes et rites de la confusion* (1967), in a large department store in Madrid. Asked by a young man for a dedication, he wrote 'me cago en DIOS, en la Patria y en todo lo demás' ('I shit on GOD, the Fatherland, and on all the rest'). When the director-general of the Spanish press was informed of this, Arrabal was arrested, put into solitary confinement, and later into a prison hospital because his dormant tuberculosis, together with the severe punishment, had caused him to faint. In spite of a hate campaign in the Spanish newspapers, Arrabal escaped a long term of imprisonment, getting off with a fine, thanks to testimonials in support of him published by noted intellectuals and writers in Spain, Germany, and France (where they included Anouilh, Beckett, Ionesco, and, somewhat more surprisingly, Mauriac). The 1970s, ushered in by the birth of his first child, and 1980s have seen Arrabal's reputation become more respectable as a family man and an established, if still somewhat irreverent, writer.[56]

'Théâtre panique'

The closeness of Arrabal's work to his own experiences, to which he frequently alludes in the various interviews he has given, is quite clearly to be seen. The traumatic effects of his upbringing have to be borne in mind if one is to understand the extremity of his indictments. He even came to call himself 'un homme panique', in the sense of a person who fights shy of danger, and, although he also gave the word 'panique' much wider and less literal connotations, as we shall see, he told Bettina Knapp that, when he used it to describe himself, it was 'no joke'.[57] He also said that his plays were for the most part dramatizations of his dreams, reflecting his own state of confusion.[58]

We should not be surprised, then, to find that Arrabal's depiction of mother–son relationships and of religion, in particular, are far from flattering. Two examples among many are *Les Deux Bourreaux* (written 1956)[59] and *L'Architecte et l'Empereur d'Assyrie* (written 1965).[60] The first is a one-act melodrama in which the denunciation of Jean by his wife Françoise, who enjoys seeing him being tortured to death and even scrapes his wounds and pours salt and vinegar on them, has obvious relevance to Arrabal's bitter memories. He paints himself in the young son Maurice, who is, unlike his brother Benoît, furious with his mother and contemptuous of her sanctimonious and complacent defence of her behaviour. The fact that grief-stricken Maurice finally gets sucked into a grudging acceptance of his depleted family (a form of 'panique') is a dramatic twist which expresses poignantly the helplessness of the child's situation, and at the same time a transposition of Arrabal's actual experience which imaginatively reconstructs his childhood life while adding to it knowledge he obtained at a later stage. *L'Architecte et l'Empereur d'Assyrie* is a full-length play which dramatizes a much more complex pattern of behaviour on the part of a son whose memories are guilt-laden. The Empereur, self-styled and in reality a weak, insignificant creature, is the sole survivor of an air crash on a desert island; he eventually confesses to his one companion, whom he calls L'Architecte, that he is a matricide who hated his mother, yet also dearly loved her. He cannot live with the mounting confusion in his mind, and another kind of personal panic leads him to virtual suicide. His offering of himself in sacrifice for his crime, to the extent of undergoing a disposal after death even more horrifying than his mother's, is accompanied by the significant request that L'Architecte, who is to perform the sacrificial task, shall do so wearing the 'vêtements de ma petite mère adorée'.[61] Meanwhile, if *Les Deux Bourreaux* does disservice to the Catholic faith by associating it with the outrageous behaviour of Françoise, *L'Architecte et l'Empereur d'Assyrie* insults it with blasphemy and some sado-masochistic eroticism with sacrilegious connotations.

L'Architecte et l'Empereur d'Assyrie, in its ludic, ritualistic content and structure, together with its wide range of themes and moods, and exuberantly unrestrained portrayal of human conduct, including many reflections of his own preferences and anxieties, is also a good illustration of Arrabal's designation of his type of theatre, first as 'théâtre de cérémonie', then, more curiously and obscurely, as 'théâtre panique'. In a short statement in the same volume as this play, he combines these terms in his title, 'Le Théâtre comme cérémonie «panique»', and says:

> A présent, diverses personnalités dispersées à travers le monde essaient de créer une forme de théâtre poussée à ses plus extrêmes conséquences. Malgré d'énormes différences entre nos tentatives, nous faisons du théâtre une fête, une cérémonie d'une ordonnance rigoureuse. La tragédie et le guignol, la poésie et la vulgarité, la comédie et le mélodrame, l'amour et l'érotisme, le happening et la théorie des ensembles, le mauvais goût et le raffinement esthétique, le sacrilège et le sacré, la mise à mort et l'exaltation de la vie, le sordide et le sublime s'insèrent tout naturellement dans cette fête, cette cérémonie «panique».
>
> Je rêve d'un théâtre où humour et poésie, panique et amour ne feraient qu'un. Le rite théâtral se changerait alors en un «opera mundi» comme les phantasmes de Don Quichotte, les cauchemars d'Alice, le délire de K., voire les songes humanoïdes qui hanteraient les nuits d'une machine I.B.M.[62]

The abundance of spectacle of a ritualistic kind, found in *L'Architecte et l'Empereur d'Assyrie* and in other plays by

Arrabal, as often indicated by their titles,[63] clearly validates the term 'théâtre de cérémonie'. The 'panique' element, which he added to it, and in many other texts replaced it by, may be understood, in the midst of all the half-serious, half-jocular, and anti-conformist elaborations he gave to it in some other contexts,[64] as a way of pointing to the all-embracing, syncretistic[65] or harmonizing nature of his theatre, which is also notably excessive and uninhibited, as well as of providing a label, a separate identity for his work and that of a few of his friends in a distinctive artistic setting.[66]

Part of the reason for the choice of the word is its association with the universality or totality embodied in the prefix pan- and personified in the mythical god of that name.[67] The basic philosophical idea embodied in the notion of 'panique' is that human experience is not as rational, ordered, or stable as most people like to believe it is. On the contrary, living is essentially chaotic, and confusion reigns. 'Tout ce qui est humain est confus par excellence', he writes[68] and he proposes that, in these circumstances, one should adopt a thoroughly liberal and tolerant attitude towards human behaviour and attitudes.[69] The artist should also stimulate people by giving precedence to chance, confusion, and the unexpected in his work.[70]

'Théâtre panique' thus amounts to the expression in dramatic (excessive, but carefully constructed)[71] form of personal experience, supplemented by a philosophy based also on observance of a disordered world. Arrabal's vision obviously has affinities with 'absurdist' and other attitudes discussed above. L'Architecte et l'Empereur d'Assyrie, his major contribution to 'théâtre panique', seems to be particularly related to the theories of Antonin Artaud, who provided the perfect prescription for it in these words from his first manifesto (1932):

Le théâtre ne pourra redevenir lui-même, c'est-à-dire constituer un moyen d'illusion vraie, qu'en fournissant au spectateur des précipités véridiques de rêves, où son goût du crime, ses obsessions érotiques, sa sauvagerie, ses chimères, son sens utopique de la vie et des choses, son cannibalisme même, se débondent, sur un plan non pas supposé et illusoire, mais intérieur.[72]

Associations between Arrabal's work and that of Valle-Inclán,[73] Buñuel,[74] and Jorge Luis Borges[75] have also been noticed, and there is no doubt that it has a distinctively Spanish flavour in its festive, flamboyant, and grotesquely disturbing aspects. Arrabal himself summed up these and other features of his 'théâtre panique' in 1968, when he wrote:

Si une pièce est conçue comme une fête démesurée, le spectateur peut recevoir des lumières sur la part la plus mystérieuse ou la moins accessible de lui-même, grâce aux rites grotesques et sublimes, sordides et poétiques, qui se déroulent sous ses yeux.[76]

In doing so, he argued for the relevance of his drama to the lives of contemporary spectators,[77] again echoing Artaud; in fact, even though his work is at least as self-centred as Arthur Adamov's, and tells us less than he does about the modern frenzied environment in which we live, it too has psychological and philosophical insights which transcend the purely personal domain. Together with that, more so than Adamov's, it offers many interesting possibilities of spectacular exploitation on the stage.

Arrabal's early plays

Like Adamov, Arrabal earned most recognition for his earlier work. The peak of his success was reached in 1966–7, when *Le Cimetière des voitures* was performed, followed by *L'Architecte et l'Empereur d'Assyrie*, although he has written a great number of plays since then. His early work, beginning in 1952 with *Pique-nique en campagne*, is characterized in the first place by its abundance of games, a 'panique' element which expresses his conviction that games, played out in a context of chance and confusion as well as according to their conventional rules, are an essential part of living. Jean-Jacques Daetwyler[78] points to the wide spectrum of ludic activities in Arrabal's drama, with different functions (satirical and symbolical: illustrating the chance factor, for example) as well as types (among them role-playing, games of permutation, corporal games). Arrabal's first plays include a number of word games involving substitution, like structural exercises. Mick Martin[79] examines Arrabal's use of games as an aspect of his methodology, so modifying the structure of his drama, by instilling a kind of order into confusion, as to make them more acceptable to rational-minded audiences. One does, in fact, even at the most elementary level, at least get 'drawn into' the games played by Arrabal's characters and this contributes to the partial suspension of disbelief necessary to the success of all drama (even the Brechtian varieties).

Many of the games played are violent, with obvious symbolic reference to the make-up of the individual, and also his or her plight in coping with official authority, a theme we have seen to be prominent also in the earlier plays of Adamov. Arrabal is different in that he introduces people who are like full-grown children, totally confused about the moral and other values of the adult world into which they have plunged. Often their childishly naïve behaviour includes a simple-minded display of benevolence or tender affection which is soon overshadowed by the incursion of violence of a shockingly cruel kind. In the very earliest plays, the cruelty is not so much part of the mental constitution of the characters, as it will be after them, as a condition of living, imposed on them suddenly as a result of their actions. In *Pique-nique en campagne*, we shall see how it takes the form of brutal war, destroying at one fell swoop all the players in a game of make-believe, too absorbed in their joyful dancing to be aware of any danger. In *Le Tricycle*, written a year later,[80] the cruelty comes to the players in the shape of capital punishment.

The characters of *Le Tricycle* are so caught up in their innocent childish activities, and so vulnerable in their childlike open-mindedness, as to be pitiful as well as comic when they fall foul of the forces of organized society. If their absurd discussions are partly reminiscent of Beckett (young Climando and Mita consider suicide and take comfort in banter, like that older couple Vladimir and Estragon) and even more of Ionesco (with nonsensical arguments and bombardments of words, as in *La Cantatrice chauve*), their naïvety is an Arrabalian hallmark which sets them apart. Thus, when Climando is told by his sleepy friend Apal that the best way to get the money necessary to pay the rent for their tricycle (whose large carrier he uses to give rides to children) is to murder L'Homme aux Billets, any misgivings he has about this project are quickly overcome:

CLIMANDO: Ça ne me plaît pas beaucoup d'avoir à le tuer.
   C'est une façon très longue de le voler.
MITA: C'est la seule façon pour que personne ne le sache. Si
   on ne le tue pas, il ira tout de suite demander au juge de
   nous enfermer et, comme il a sûrement d'autres billets
   chez lui, il pourra faire ce qu'il voudra.
CLIMANDO: Quel sale type.
MITA: Et puis il a sûrement envie de se suicider.
CLIMANDO: Je n'y avais pas pensé.
MITA: Nous lui épargnerons cette peine.
CLIMANDO, *à Apal:* Ne t'endors pas maintenant, mon
   vieux.
APAL: J'écoute.
CLIMANDO: C'est oui, on le tue.[81]

Moral behaviour and principles are at least as equivocal for the young people who are featured in other early plays. In *Fando et Lis* (1956), for instance, Fando demonstrates his highly sadistic love for Lis, who is already paralysed, by caressing her and entertaining her with his drum, then putting her in chains and beating her to death. In *Oraison* (1957),[82] a couple plan to 'be good' for a change, and on an experimental basis, having apparently just murdered their baby. The disturbingly dramatic juxtaposition of innocence and cruelty commonly found in Arrabal's plays is encapsulated in the image represented by the title of *La Bicyclette du condamné* (1959),[83] that of a bicycle towing a large wooden cage on wheels. Tasla, its rider, looks forward to the time when she can share being given rides in this contraption with her beleaguered sweetheart, Viloro. But, until such time as they are 'free', she is forced to use it to carry condemned men to the torture-chamber, and from there to the place of execution. In a nightmare sequence as powerful and richly symbolic as those created by Adamov, the characters in this play, some of whom assume different roles, live out their ludic desires, the most infantile and artless of games alternating with cruel and erotic ones, until Viloro is murdered and his body is transported off-stage by Tasla, in a coffin which has taken the place of the cage.

Pique-nique en campagne

Arrabal's first play, *Pique-nique en campagne* was written in 1952 and first performed in French on 25 April 1959, directed by Jean-Marie Serreau at the Théâtre de Lutèce in Paris. It was later directed by Jorge Lavelli, in 1966. It has been described as 'a paragon of simplicity'[84] and 'a perfect one-acter . . . a fine work by any standard'.[85] Already by 1961, it was said to be 'la pièce la plus jouée d'Arrabal'.[86] This was no doubt due to the fact that, unlike many of the other plays discussed above, it contains no material which could possibly give offence, except perhaps to those whose susceptibilities are ruffled by all but the most respectful references to the military.[87] Its choice for this edition is partly for the same reason, together with the fact that a more substantial play, such as *L'Architecte et l'Empereur d'Assyrie*, is far too long to serve as a companion-piece to Adamov's *Le Professeur Taranne*. *Pique-nique en campagne* can certainly stand on its own merits, and it is also very suitable for amateur groups to produce, as it presents very few difficulties in terms of role-learning, décor, props, or any other respect, and yet has plenty of scope for invention, particularly of a visual and humorous kind.[88]

The French title consists of an ingenious play on words, not present when it was first conceived with the Spanish title *Los Soldados*.[89] 'Campagne' suggests being in the country ('à la campagne') and in this context a picnic in the country, but in fact 'en campagne' means 'in the field', 'on active service', and so an equivalent English title can only be *Picnic on the Battlefield*.[90] On one level, *Pique-nique en campagne* is an amusingly farcical piece of nonsense writing, of the Lewis Carroll rather than the Edward Lear variety, but, again like Carroll's work, it has more serious underlying meanings.

Arrabal himself speaks of the debt some of his plays owe to Carroll,[91] and I. Z. Anderson was the first to apply this acknowledgement to *Pique-nique en campagne*, claiming that the play is to be seen as an adaptation of the chapter of *Through the Looking-glass* devoted to Tweedledum and Tweedledee. It may be going too far[92] to suggest, as this critic does, that Carroll's chapter 'provided virtually the full texture of *Pique-nique en campagne*',[93] but there are certainly similarities, Arrabal imitating Carroll in spirit, particularly as regards characterization, rather than in narrative detail, except superficially. Both stories have a basic improbability, which in *Pique-nique en campagne* is just as dream-like as Alice's experiences;[94] both contain childish talk and farcical behaviour; and above all, of course, both feature a couple of boyish characters with similar names, who are also brother-like in attitude, though in appearance Zapo and Zépo are less identical than the 'mirror-image' fat figures of Tweedledum and Tweedledee. Incidental resemblances include M. Tépan's treatment of war as a mere game, adding a touch of colour and excitement to life, just as Carroll's characters play at battling with each other; their game also comes to a sudden stop, with the arrival of 'the monstrous crow', as does the frolicking which ensues in Arrabal's play.

Finally, a rather different use is made of an umbrella: the Tépan parents shelter beneath it absurdly in case the bombs should fall on their heads, whereas Tweedledee tries to hide away from the irate Tweedledum by folding up their umbrella the best he can, with himself in it.[95]

But there is more to this little, economically constructed, play than the 'old song' which keeps ringing through Alice's head. The relevance of *Pique-nique en campagne* to Arrabal's upbringing, to his other early work, and to the development of his drama, from 'théâtre de cérémonie' to 'théâtre panique', as described above, is not hard to perceive. For one thing, the relationships between a young man and his parents, as shown in the play, reveal much more than the effects of the passing of time, as instanced in Zapo having to point out to his father that war is no longer the romantic, ceremonial affair he thinks he remembers, with 'des tas de chevaux'. Mme Tépan, whose very name is almost the same as Arrabal's mother's maiden name (Teran), is more heavily satirized for her love of battles and military uniforms[96] and her petty-minded principles. Zapo is, to an astonishing degree, still treated very much as a child by his mother and is submissive to her will, though the horrifying mother–son interactions portrayed in plays like *Les Deux Bourreaux* have no place here; instead, there are comic exchanges such as the one when Zapo asks whether he is allowed to bring his rifle to the picnic, and is told that it is 'mal élevé de tenir son fusil à table'. More seriously, Zapo may be said to be the earliest example of 'un homme panique', not only in his reflection of Arrabal's own family experience, but also because of his obvious representation of some of Arrabal's own attitudes at the time, including fear of danger, hatred of war, and a love of tolerance (expressed here implicitly in terms of universal brotherliness).[97] A fitting epigraph to *Pique-nique en campagne* would be Arrabal's own remark, in *Le Panique*, 'le héros panique, c'est le déserteur'.[98]

Indeed, all the characters in this early play already evince the naïvety of the individual dramatically and pathetically out of touch with the harsher realities of living, lost in a violent, cruel society, whose motives and principles he cannot understand, and from which he tries in vain to break free. The violent cruelty here takes the form of warfare, as it will again later, in Arrabal's *Guernica* (1959), and, more incidentally, in some of his other plays.[99] But even war, frightening though it is to the two young soldiers, is ridiculed as a kind of game, with Zapo and Zépo themselves not in the least surprised when M. Tépan asks each of them in turn how well they have scored in their target practice, the targets being of course enemy soldiers. Each admits to having played it badly, taking care not to aim, and saying a prayer for anyone unfortunate enough to get hit. Zapo has no idea what to do with his hand-grenades, and Zépo gives one of the flowers he has made, to pass the time in their mostly boring situation, 'pour chaque copain qui meurt'. Zapo is vaguely aware of the 'rules' of the game of war, warning his parents at the outset that they do not qualify for entry, and supposing that they managed to get on to the battlefield only because they were taken for referees. The picnic itself is nothing but a game within that game, giving structure as well as theme to the play: it is an absurdly dangerous game of chance played with increasing abandon by the participants until they suddenly lose it. At the end of the play, the proposition to do something about putting a stop to the war by spreading the word against it – an explicit didactic touch which may be related to the war in Korea[100] – is shown to be futile when a burst of machine-gun fire ironically annihilates all the potential advocates. Thus ends the picnic, a forerunner of 'théâtre de cérémonie' in its several ludic aspects, and of 'théâtre panique' in its basic philosophy and its elements of confusion and chance, including sudden changes of moods and reversals of fortune.

NOTES TO THE INTRODUCTION

1 Terms recalled, for example, by Jean Duvignaud and Jean Lagoutte in *Le Théâtre contemporain: culture et contre-culture* (Paris, Larousse, 1974), p. 17. The authors go so far as to call it 'un théâtre de problèmes, un théâtre à thèse' (p. 14).

2 Eugène Ionesco, 'Préface' in Tom Bishop (ed.), *L'Avant-garde théâtrale: French Theatre since 1950* (New York, New York University Press, 1975), p. ix.

3 Beckett has said: 'My work is a matter of fundamental sounds [. . .] made as fully as possible, and I accept responsibility for nothing else. If people want to have headaches among the overtones, let them. And provide their own aspirin' (A. Schneider, 'Waiting for Beckett', *Chelsea Review*, no. 2, Autumn 1958, as reported in Bell Gale Chevigny (ed.), *Twentieth Century Interpretations of Endgame*, Englewood Cliffs, New Jersey, Prentice-Hall Inc., 1969, p. 17).

4 In doing this, he made fine distinctions between this type of New Theatre and the more 'poetic avant-garde' theatre of contemporary dramatists like Michel de Ghelderode, Jacques Audiberti, and Georges Schehadé.

5 Martin Esslin, *The Theatre of the Absurd* (Harmondsworth, Penguin/Pelican Books, 3rd edn, 1980), p. 26.

6 In 'Forgers of myth: the young playwrights of France', *Theatre Arts*, vol. 30, no. 6 (June 1946), a translated version by R. Gilder of a lecture given by Sartre in New York in that year. It is reproduced in French in Michel Contat and Michel Rybalka (eds), *Un Théâtre de situations* (Paris, Gallimard, 1973). Sartre

saw a 'theatre of situation' as a desirable successor to 'the theatre of characters', the aim being 'to explore all the situations
that are most common to human experience, those which occur
at least once in the majority of lives . . . to present for the
modern man a portrait of himself, his problems, his hopes and
his struggles'. If this aim is relevant to *Huis clos*, it foreshadows
even more 'le nouveau théâtre'.

7 *Godot*, for instance, has an ending which is quite grotesque, as
Estragon's trousers, deprived of their cord serving as a belt,
drop to his feet. Yet this grotesqueness is for Beckett an essential
part of the tragic human situation. The incident is mainly deeply
sorrowful, for the cord has been removed to be tested for its
suitability as a rope for hanging. Commenting on this, Beckett
has said that 'rien n'est plus grotesque que le tragique, et il faut
l'exprimer jusqu'à la fin, et surtout à la fin' (letter to Roger
Blin, reproduced in *Magazine littéraire*, no. 231, (June 1986,
p. 35).

8 The notion of a 'well-made' play dates back to the nineteenth
century, and was applied particularly to the flimsy but well-
constructed plots of Eugène Scribe.

9 E. Ionesco, *Notes et contre-notes* (Paris, Gallimard, 1966),
p. 60.

10 In his third Pelican edition of *The Theatre of the Absurd* (see
note 5), Martin Esslin, for example, devotes a whole chapter to
Adamov and accords Arrabal the right to claim a high place
among 'absurdist' writers. In *Modern French Drama,
1940–1980* (Cambridge, Cambridge University Press, 1984),
David Bradby, who took an early interest in Adamov (his Ph.D.
thesis at Glasgow University is entitled 'The theatre of Arthur
Adamov'), discusses his work in some thirty pages, and, while
considering that Arrabal's plays, like those of Vauthier and
Audiberti, suffer somewhat from being 'locked within worlds
of private fantasy' (p. 190), he makes special mention of some
of the more spectacular productions of his work, as reported
here.

11 Adamov is the nearer of the two to Beckett, by far, because his
satire is more filled with gloom, and is rarely comic except in the
very darkest sense. He deals with tragic potential in human
relationships, however, whereas Beckett is more concerned with
the tragedy inherent in basic ontological problems. Arrabal's

situation *vis-à-vis* Beckett is more difficult to assess. In *Angels of Darkness: Dramatic Effect in Beckett and Ionesco* (London, George Allen & Unwin, 1972), Colin Duckworth reports that Arrabal said to him, 'Beckett, c'est mon maître' (p. 112). However, Arrabal told Alain Schifres that he did not think his work was particularly close to contemporaries like Beckett, Ionesco, Adamov, or Genet (*Entretiens avec Arrabal*, Paris, Éditions Belfond, 1969, pp. 72ff.). He recognizes some resemblances with Beckett (as reported by Bettina Knapp in *Off-Stage Voices: Interviews with Modern French Dramatists*, New York, Whitston, 1973, p. 81), and is said to have begun reading him and seeing his plays as well as Ionesco's in 1954, when he was 22 years of age, having already written two plays, *Pique-nique en campagne* and *Le Tricycle* (see Françoise Raymond-Mundschau, *Arrabal*, Paris, Éditions universitaires, 1972, pp. 16–18). Arrabal's sometimes exuberant mood, in spite of his nightmarish obsessions, and fast pace, as found for example in *L'Architecte et l'Empereur d'Assyrie*, are among characteristics which make his plays different from Beckett's, but, particularly in that major play, the blending of circular and linear plot, the use of refrains, and parts of the dialogue, which is restricted similarly to exchanges between an isolated couple, are very reminiscent of parts of *En attendant Godot* and *Fin de partie*.

12 See D. Bradby, op. cit., pp. 132–3.

13 See Dorothy Knowles, 'Ritual theatre: Fernando Arrabal and the Latin-Americans', *Modern Language Review*, vol. 70, no. 3 (July 1975), pp. 526–38.

14 See David Whitton, '*Écriture dramatique* and *écriture scénique*: two playwrights' points of view (Ionesco and Arrabal)', *Theatre Research International*, vol. 6, no. 2 (Spring 1981), pp. 124–37.

15 See Bradby, op. cit., p. 189.

16 This play was first produced on 15 March 1967 by Lavelli at the Théâtre Montparnasse-Gaston-Baty. It was also directed by Garcia in February 1971, under the title *The Architect and the Emperor of Assyria*, at the National Theatre, Old Vic, on a bare stage with a barrage of lights wheeled around by stage-hands. Lavelli directed it again in a German translation in Cologne in 1969, then in Nuremberg in 1971, each time with different

actors and in a different way. For example, the island which figures in the text became a cage in Nuremberg, the décor was completely changed, and the two characters were chosen and dressed in such a way as to be able to suggest more convincingly that they represented two sides of the same person. When Domingos Semedo produced his version of the play in Lausanne he stripped it down to a much more austere level, even using a black backdrop and black costumes. The Swedish producer Pierre Fränckel went the other way and accentuated all the physical, sexual, and morbid aspects of the play; this culminated in the use of dummies so like real corpses with real blood, one to be consumed by L'Architecte at each performance, that it was too much for some spectators, who left the theatre in the middle of that macabre final scene. Fränckel also suggested, by his way of presenting the play, the confrontation of two cultures, L'Empereur representing modern civilization while the Architecte personified the primitive world of the Dark Ages. In Prague, Jaroslav Gillar had both actors wear judo clothes, and staged the whole play as if it were a musical score, with careful attention to rhythm, including prolonged silences. (See Jean-Jacques Daetwyler, *Arrabal*, Lausanne, Éditions L'Age d'Homme, 1975, pp. 145–53.)

17 James Roose-Evans, *Experimental Drama from Stanislavsky to Today* (London, Studio Vista, 1970), p. 58. The 'Grand Théâtre Panique', as the troupe presenting this production was called, was a precursor of Savary's later famous 'Grand Magic Circus'.

18 See Knapp, op. cit., pp. 89–90.

19 See note 4 above.

20 Artaud's own dramatic output was slight, and his most frequently mentioned play, *Les Cenci* (1935), was unsuccessful. It has a partly borrowed plot in which fatality is the keynote.

21 The 'Premier manifeste' of 1932 (the most important one) and the 'Second manifeste' of 1933 are reproduced in Antonin Artaud, *Oeuvres complètes*, vol. 4. (Paris, Gallimard, 1964), pp. 106ff. and 146ff. respectively. See also Artaud's *Le Théâtre et son double* (Paris, Gallimard, 1964).

22 A. Artaud, 'Premier manifeste', op. cit., p. 109.

23 A. Artaud, *Le Théâtre et son double*, op. cit., p. 146.

24 Richard Coe shows how Ionesco, for example, shares many of

Artaud's beliefs, while regarding him as incompetent in the realm of practical drama (R. N. Coe, *Ionesco*, Edinburgh and London, Oliver & Boyd, 1961, p. 10). In 'Theatre of cruelty: Artaud's impossible double', *Nottingham French Studies*, vol. 21, no. 1 (May 1983), pp. 52–64, Mick Martin illustrates the necessity of distinguishing between the objectives and the methodology recommended by Artaud, and argues that 'the proposal to demolish barriers, which is one half of his assessment of the function of theatre, precludes its successful performance of the other half – to portray the total of reality. The methods Artaud proposes are unsuitable to his objective' (p. 63).

25 A. Bermel, 'Adamov in New York – and out again', *Tulane Drama Review*, vol. 4, no. 1 (September 1959), pp. 104–7. The title refers to the fact that *Ping-Pong* closed on the second night when it was put on at the Seven Arts Theatre in New York in April 1959. It fared much better, however, when it was first produced in Paris at the Théâtre des Noctambules in March 1955 and ran for more than 150 performances, under the direction of Jacques Mauclair (see Mauclair's comments in René Gaudy, *Arthur Adamov*, Paris, Stock, 1971, p. 59, as quoted by John H. Reilly, *Arthur Adamov*, New York, Twayne, 1974, p. 91). Mauclair also said that the play was well received by the press, and that its creation constituted an important step in Adamov's career and in his relationship with the public.

26 D. Bradby, op. cit., p. 52.

27 p. 19 in Saggitaire edition, p. 27 in Gallimard.

28 For more details of Adamov's life, see Arthur Adamov, *L'Aveu* (Paris, Éditions du Saggitaire, 1946, reprinted in *Je. . . Ils: Récits* (Paris, Gallimard, 1969); A. Adamov, *L'Homme et l'enfant* (Paris, Gallimard, Collection Folio, 1968); Pierre Mélèse, *Arthur Adamov* (Paris, Éditions Seghers, Collection 'Théâtre de tous les temps', 1973); John J. McCann, *The Theater of Arthur Adamov* (Chapel Hill, North Carolina Studies in the Romance Languages and Literatures, UNC Department of Romance Languages, 1975); and John H. Reilly, *Arthur Adamov*, op. cit.

29 The massive influence of Brecht on French theatre in the 1960s was prepared for by a performance of *Mother Courage and Her Children* in Paris as early as November 1952, followed by many other Brechtian productions in the next two decades. The Brecht vogue had a particular impact on Adamov (he acknow-

ledges the influence in *Ici et maintenant*, Paris, Gallimard, 1964, p. 211), as it did on others, but interest in political theatre in twentieth-century France dates back to before the time of the foundation of the TNP (Théâtre National Populaire) in Paris in 1920. For his part, Adamov came to advocate political theatre in which the complexity of human behaviour was to be seen in the context of struggle between the classes.

30   Arthur Adamov, *Théâtre*, vol. 2 (Paris, Gallimard, 1955), pp. 12–13.

31   In the first volume of Adamov's collected theatre, representative of his 'early' period. At the time of writing, this volume has for long been out of print, and is not obtainable in many libraries.

32   Adamov wrote *Le Professeur Taranne* in 1950, in the middle of writing *Le Sens de la marche*. Before that, he wrote *La Parodie, L'Invasion*, and *La Grande et la Petite Manoeuvre*. All these plays, except *Le Sens de la marche*, are in volume one, together with *Tous contre tous*, which was written after *Taranne*. The only other significant play of his 'first manner' is *Les Retrouvailles*. These seven plays were written and completed between 1945 (first conception of *La Parodie*) and 1954 (completion of *Les Retrouvailles*). Two less important little pieces, *Le Désordre* and *Comme nous avons été*, were written in the same period, but not chosen by Adamov to be included in his collected theatre. For reasons of space, this introduction analyses only *Taranne* and earlier plays, although others will also be referred to in notes to the text which follows.

33   Adamov even wrote a book about Strindberg (*August Strindberg, dramaturge*, Paris, L'Arche, 1955) and said in it that the Swedish writer encouraged him to write for the theatre in the first place. He saw *A Dream Play* in 1927 and *The Dance of Death* in 1945.

34   *Théâtre*, vol. 2 (Paris, Gallimard, 1955), p. 8.

35   *Théâtre*, vol. 2, p. 9.

36   R. Gaudy reports that Adamov, when asked what was the principal feature of his character, replied: 'le masochisme' ('Réponses au questionnaire Marcel Proust', Paris, 20 May 1969, in R. Gaudy, op. cit., pp. 158–61).

37   In *L'Homme et l'enfant*, written in 1967, Adamov, looking back, condemns *La Grande et la Petite Manoeuvre* for the artificiality of its political idealism:

Si je n'aime plus aujourd 'hui *La Grande et la Petite Ma-noeuvre*, ce n'est pas à cause de son caractère onirique et outré, c'est seulement parce que, sur des terreurs bien réelles, j'ai bâti un échafaudage, lui, irréel, intellectuel. Que vient faire ici la révolution sociale? on se le demande un peu.

Ce qu'elle vient faire, je le sais bien; permettre un tour de passe-passe auquel je m'étais déjà livré dans *La Parodie*. Je suis – le Mutilé est – détruit; mais celui qui n'entend pas la voix des moniteurs, celui qui au lieu de s'abandonner à l'autorité d'En Haut, lutte contre les autorités d'En Bas, celui-là – le Militant – est détruit aussi. Le processus de jus-tification personnelle, ici, aisément discernable. (p. 101)

La Grande et la Petite Manoeuvre a été, je l'ai dit, repré-sentée en 1950. J'étais, à l'époque, non seulement antistalinien, mais antisoviétique, je n'imaginais de révolu-tion que trahie. *La Grande et la Petite Manoeuvre*, pièce réactionnaire. Si un metteur en scène voulait la reprendre aujourd 'hui à Paris, je refuserais [. . .]. Dans le hall des Éditions Gallimard, Albert Camus me félicite. Il me cite la phrase de la pièce qu'il préfère: celle précisément dont j'a-vais honte à peine après l'avoir écrite, celle que déjà je vou-lais supprimer: «La Soeur (d'une voix, bien sûr, amère) à son mari le Militant: «Va, va porter l'espoir au monde.» L'idéalisme qui écoeure.» (p. 104)

38 See *L'Homme et l'enfant*, p. 100.
39 *Théâtre Populaire*, no. 2, July–August 1963, as reproduced, with this reference, in *Ici et maintenant*, pp. 28–9.
40 References here are to pp. 204–5 of S. Freud, *The Inter-pretation of Dreams*, 4th edition (London, George Allen & Unwin; New York, Macmillan, 1915).
41 Freud adds that, when such a dream of being discovered naked occurs (and one such dreamer, he says, is the Emperor himself in Andersen's 'The Emperor's New Clothes'), it represents the wish to relive in adulthood the paradise-like situation of child-hood when one is not ashamed of one's nakedness. The people observing the dreamer indifferently are said by Freud to repre-sent a 'wish-opposite', and the dreamer's feeling of shame is the result of repression in real life, in reaction to the censoring

demands one has experienced. This interpretation, which amounts to the hallucinatory fulfilment of an infantile, irrational, exhibitionist wish, is regarded, however, as too restricted by later analyists. E. Fromm, for instance, in *The Forgotten Language* (New York, Grove Press, 1951), acknowledges that Freud's explanation is undoubtedly correct in many instances, but says that nakedness in dreams may also be a symbol of truthfulness, of being oneself without pretence, the real self. In general terms, Fromm believes that our dreams express both the worst and the best in us, and consist of any kind of mental activity expressive of our irrational strivings as well as of our reason and morality. More recently, Charles Rycroft, in *The Innocence of Dreams* (Oxford, Oxford University Press, 1981), explains dreamed experiences as products of the 'unfettered imagination', not subject, that is, to the inhibitions, apprehensions, and consequent 'arrangement' of thoughts when one is awake. They may be regarded as 'glimpses of the dreamer's total imaginative fabric' (p. 168), and their 'innocence' lies not in any presumed ignorance or freedom from guilt (on the contrary, while dreaming 'we may know more than we know while awake and may voice thoughts and wishes that evoke guilt when we awaken') but rather in 'an indifference to received categories' and in the fact that they have a core which cannot but be sincere and 'uncontaminated by the self-conscious will' (p. 7).

42 In *L'Aveu*, for example, he discusses the value of psychiatry in its 'interprétation des ténèbres de l'homme en un temps ennemi de tout approfondissement intérieur', and says that:

> nulle part autant que dans le rêve du sommeil, dans le grand espace creux de derrière nos nuits, le monde ne révèle plus visiblement son âme, c'est-à-dire ce qui l'anime, son mouvement. La veille, c'est la création manifestée, l'affirmation par le verbe de la vie dans le jour. Mais le rêve, c'est le grand mouvement silencieux de l'âme au long des nuits. C'est dans le silence du rêve, quand rien ne vient plus distraire l'attention angoissée du dormeur, que le sens du mouvement émerge dans toute sa pureté. (*L'Aveu*, as reprinted in *Je . . . Ils*, pp. 59 and 34–5)

43 Paris, Gallimard, 1938. Broadly speaking, Freud's interpretations are retrospective, whereas Jung thinks that past

wishes are modified by future hopes. (See C.J. Jung, *Memories, Dreams, Reflections*, London, Fontana, 1963.)

44 A little later in this opening scene, Taranne says, 'Je sais trop bien qu'on m'observe, qu'on me fouille du regard, que tout le monde a les yeux fixés sur moi.'

45 Adamov's sister's appearance in *Le Professeur Taranne* is but one incident faithfully recorded from his own dream before he wrote the play:

> Le commissariat de police, le cahier avec ses pages blanches au milieu (le trou), le plan de la salle à manger du navire, le timbre belge et ses surcharges, ma soeur à la voix froide, indifférente, tout ce qui a paru dans mon rêve reparaît dans *Le Professeur Taranne*, sans modifications notables, sans tricherie. (*L'Homme et l'enfant*, p. 105)

Likewise in the dream which gave rise to *La Grande et la Petite Manoeuvre*, Adamov found himself in the company of his sister, 'image de soeur toujours présente dans mes rêves [. . .]. Du reste ma soeur me dit: «Il faut que tu y ailles.» Et je lui obéis toujours' (ibid., p. 100). In that play, the sister of the Mutilé displays vaguely incestuous concern for him. In a larger sphere, the dominating, often cruel, female is very much a feature of his dreams.

46 C. Innes regards this last scene not so much as an image signifying loss of identity as one of a man divesting himself of his social persona (the persona or Jungian mask being in this case an academic reputation based on plagiarism), and returning to the natural condition symbolized by nakedness. He thinks that Tarannes's neurosis is an obsession with identity, and the corresponding fear that one has no real existence, and that this represents Adamov's own psychological state at the time (*Holy Theatre: Ritual and the Avant Garde*, Cambridge, Cambridge University Press, 1981, p. 217). E. Jacquart stresses, on the contrary, the Artaud-like cruelty in the unjust persecution suffered by Taranne (*Le Théâtre de dérision: Beckett, Ionesco, Adamov*, Paris, Gallimard, 1974, p. 115). In between, John Reilly believes that Taranne's undressing may be seen both as a kind of symbolic death, accepting failure and defeat, and also as a more hopeful 'first step towards a direct contact with himself and with the universe around him' (J.H. Reilly, *Arthur*

Adamov, (op. cit., p. 67). Most critics agree more or less that Taranne is what Alexander Fischler calls 'an ideal figure to incarnate his [Adamov's] own pathological obsessions and his deviant behaviour' ('The absurd professor in the Theater of the absurd', *Modern Drama*, vol. 21, no. 2, 1978, pp. 137–52).

47 *The Theatre of the Absurd*, (Harmondsworth: Penguin Books, 1980), p. 110.

48 See *L'Homme et l'enfant*, p. 105.

49 Adamov's anxious dream, on which *Le Professeur Taranne* is based, did not include the theme of plagiarism used in the play (see *L'Homme et l'enfant*, p. 105), nor did it specify even the occupation of its protagonist, which was suggested to him afterwards. According to Pierre Mélèse (*Arthur Adamov*, op. cit., p. 31), the dream image of Taranne was imprecise, appearing to the dreamer first of all as a tennis player. Mélèse also reports (pp. 34–5), interestingly enough, that another suggestion, by his director Roger Planchon, was perhaps the cause of a recurrence of Adamov's dream; this time Taranne appeared to him naked and, having then been forced to dress, felt uncomfortable because everybody regarded him with suspicion in this clothed state, which was apparently uncharacteristic of him.

50 John Fletcher, in John Fletcher (ed.), *Forces in Modern French Drama* (London, University of London Press, 1972), p. 196.

51 'Je suis presque toujours le personnage principal de mes pièces [. . .]. De quoi pourrais-je parler avec autant de passion et de haine et de goût et de dégoût que de moi-même?' Arrabal told an interviewer (see Alain Schifres, op. cit., p. 107).

52 Republished as *Viva la muerte: Baal Babylone* (Paris, Union Générale d'Éditions (Collection 10/18), Christian Bourgois, 1969).

53 *Baal Babylone*, p. 10.

54 *Baal Babylone*, pp. 11–12.

55   I was brought up in the Catholic faith. This has stamped me for life. I am very hostile, however, toward Catholicism. I blame Catholicism to a great extent for having made my life such an excruciatingly unhappy one. I am haunted as the result of my Catholic instruction by the idea of hell, of sin, of torture. I try to rationalize, to tell myself that these things are really impossible, a figment of the imagination; and yet, these fearful ideas return time and time again to haunt me.

Maybe this is one of the reasons I am so attracted to the paintings of Bosch and Goya. We have something in common. Because of this agonizing fear I am forever tortured by nightmares: hell, fire, torture. Writing is perhaps a compensation, a liberation for me. (Arrabal as reported by Bettina Knapp, op. cit., p. 83)

56 For more details of Arrabal's earlier life, see especially Françoise Raymond-Mundschau, *Arrabal* (Paris: Classiques du XXe siècle, Éditions universitaires, 1972).

57 See Bettina Knapp, op. cit., p. 88.

58 ibid., pp. 86–7.

59 Many of Arrabal's earlier plays are dated by him at the end. This one appears in *Théâtre*, vol. 1 (Paris: Christian Bourgois, 1968). It was previously published in Paris by Julliard in *Théâtre*, vol. 1, 1958. First produced with the title *The Two Hangmen* in New York in 1960, it was first performed in French in Dijon in 1966.

60 In *Théâtre*, vol. 5 (Paris: Christian Bourgois, 1967). First performed in Paris the same year.

61 Act II, 2nd tableau.

62 *Théâtre*, vol. 5, p. 8.

63 For example, *Le Grand Cérémonial, Cérémonie pour un noir assassiné, La Communion solennelle*. The ritual in *L'Architecte et l'Empereur d'Assyrie* consists of role-playing in a circular movement, refrains, routines, and the sacrificial conclusion already mentioned.

64 On a visit in August 1963 to Sydney, where he was invited to see performances of two of his plays, Arrabal gave a lecture on this theme. It appeared as 'L'Homme panique' with other texts in *Le Panique* (Paris, Collection 10/18, Union Générale d'Éditions, 1973). It begins by discussing the nature of memory, seen as a faculty whose importance has been underestimated, and goes on to describe Arrabal's likes and dislikes as an artist and as a man. If one of the 'caractéristiques de l'homme panique' is 'refus de l'aventure risquée', the most important characteristic of all, according to Arrabal, who singles it out for capitalization is 'REFUS DE LA GRAVITÉ' (p. 50). There are writings on the same subject in *Arrabal: Les Cahiers du Silence* (Aubenas, Kesselring, 1977).

65 Curiously enough, since the two temperaments are worlds apart, Arrabal's attitude bears similarities in this respect to that of Henry de Montherlant, who, in 'Syncrétisme et alternance' (in H. de Montherlant, *Aux fontaines du désir*, Paris, Gallimard, 1954, but written much earlier) pleads for acceptance by the artist of contrary points of view and ways of living, claiming that they are all natural and justifiable.

66 The Chilean writer and director of plays and films, Alexandro Jodorowsky (born in 1930) and the artist Roland Topor (born in 1938 in Paris) in particular joined with Arrabal in 1962 in deciding to use the word 'panique' to describe the attitude or style of their creations. These include Jodorowsky's plays *L'Opéra de l'ordre* and *Zarathoustra* (he became well known later because of his film *El Topo*, 1974, and Topor's booklet of drawings *Panic* (San Francisco, City Lights Books, 1965). The latter, sometimes humorous, sometimes sinister, full of unexpected associations and grotesqueness, typify the kind of expression common to the three friends, who were also (as the *Cahiers du Silence* volume shows) inclined to 'épater le bourgeois' by scandalous means, including provocatively indecent photography. In *Le Panique* (pp. 10, 53) and elsewhere, Arrabal insisted, however, that he and his friends had no desire to form a new school or movement.

67 On top of that, Arrabal said that 'nous trouvions plaisant que le dieu Pan fût un bouffon qui déchaînait les rires puis inspirait de la terreur' (reported by Alain Schifres, op. cit., p. 40).

68 ibid., p. 42.

69 Morales au pluriel: Rejet d'une morale unique, de la pureté et autres formules policières qui, à la longue, ont abouti à la condamnation (par exemple à l'extermination lorsqu'il s'agit d'une morale politique) de celui qui ne les pratiquait pas. (*Le Panique*, p. 51)

70 'Plus l'oeuvre de l'artiste sera régie par le hasard, la confusion, l'inattendu, plus elle sera riche, stimulante et fascinante' (*Le Panique*, p. 48). 'Du point de vue éthique,' Arrabal says also, 'le panique a pour base la pratique de la morale au pluriel, et du point de vue philosophique, l'axiome «la vie est la mémoire, et l'homme, le hasard»' (*Le Panique*, p. 52; reproduced in the *Cahiers du Silence* volume, p. 76).

71 Arrabal says that the chaos and confusion of life are to be expressed with rigorous precision, with the help of 'les mathématiques modernes' (*Le Panique*, pp. 98–9).

72 A. Artaud, *Oeuvres complètes*, vol. 4 (Paris, Gallimard, 1964), p. 109.

73 In *The Theatre of the Absurd*, Martin Esslin says that Arrabal acknowledges Valle-Inclán as having had an important influence on his work. His 'esperpentos' are grotesque or ridiculous caricatures with tragicomic marionette-type characters moving about in a society whose rules and mannerisms 'appear as mechanical and dehumanized as machines gone mad and functioning in a void' (p. 287).

74 Buñuel's films of the 1960s and 1970s have some affinities with Arrabal, who has also made some films: *Viva la muerte* (1971) and *J'irai comme un cheval fou* (1973). Tom Bishop (in *L'Avant-garde théâtrale*, op. cit.) describes Buñuel as one of Arrabal's 'spiritual ancestors' (p. 343).

75 Peter L. Podol (in *Fernando Arrabal*, Boston, Twayne, 1978) says *L'Architecte et l'Empereur d'Assyrie* elevates the concept of the repeating cycle 'to a metaphysical plane reminiscent of the Argentine writer, Jorge Luis Borges' (p. 73).

76 At the start of the Bourgois edition of *Théâtre*, vol. 2, used in the present edition of *Pique-nique en campagne*.

77 'Les spectacles ainsi réalisés ont permis la renaissance du théâtre d'aujourd'hui et fait de la scène le moyen d'expression idéal de l'homme actuel' (ibid.).

78 See chapter 5 of Jean-Jacques Daetwyler, *Arrabal*, op. cit.

79 M.T. Martin, *Aspects of Violence in the Drama of Fernando Arrabal*, a thesis approved for the degree of Ph.D. at the University of Warwick in 1978. The reference is to part two, section 3, pp. 233–324. The bulk of the thesis relates to psychological interpretations and theories of religion.

80 In *Théâtre*, vol. 2 (Julliard, 1961, and Bourgois, 1968). *Le Tricycle* was written in 1953 in Madrid, and played there in Spanish in 1958. It was first performed in Paris in 1961.

81 *Le Tricycle*, act I, in *Théâtre*, vol. 2 (Paris, Christian Bourgois, 1968).

82 Both these plays are in *Théâtre*, vol. 1 (Julliard, 1958, and Bourgois, 1968). *Fando et Lis* was first performed in Paris in 1964, followed by *Oraison*, in Dijon, in 1966.

83 In *Théâtre*, vol. 2. First performed in French in 1966.

84 Peter L. Podol, *Fernando Arrabal* op. cit., p. 29.

85 In John Fletcher (ed.), *Forces in Modern French Drama*, op. cit., p. 207.

86 See 'Préface' by Geneviève Serreau to the Julliard volume 2 of Arrabal's plays (Paris, 1961).

87 Arrabal's satire of warfare and the military, here and elsewhere, is mildness itself compared with that, for example, of Jean Genet, whose *Les Paravents*, so obviously attacking French rule at the time of the Algerian rebellion, presented the military in scenes so provocative and shocking as to create a storm of protest when it was produced in 1966.

88 For example, expression of Zapo's and Zépo's amusing antics when they first discover each other's presence; or the contrast between their terrified behaviour at the time of the bombardment and the calm of M. and Mme Tépan, who are content to shelter from it under an umbrella and 'se dandinent d'un pied sur l'autre en cadence et parlent de leurs affaires personnelles'.

89 It was later given the Spanish title *Pic-Nic* (introduction by Angel Berenguer, Madrid, Ediciones Cátedra, 1977).

90 It has been translated with this title by Barbara Wright (*Arrabal Plays*, vol. 2, London, Calder & Boyars, 1967).

91 In Alain Schifres, op. cit. See, for example, p. 31, where Arrabal says how important the discovery also of Kafka and Dostoievsky was for him when he was still very young. He started reading Lewis Carroll when he was about 16. He would have read one of the several Spanish translations of Carroll's work, available from the 1920s onwards.

92 The claim, for instance, that Zapo and Zépo lose their lives in much the same manner as the young oysters in Tweedledum and Tweedledee's story can scarcely be substantiated. For one thing, if the stretcher-bearers *must* be seen, as is argued, as reminiscent of the Walrus and the Carpenter, the latter's tricking and subsequent consumption of the oysters have no parallels, other than remotely symbolical ones, in the behaviour of Arrabal's supposed counterparts.

93 Irmgard Zeyss Anderson, 'From Tweedledum and Tweedledee to Zapo and Zépo', *Romance Notes*, vol. 15, no. 2 (Winter 1974), 217–20.

94 Carroll's incident of the Red King's dream, and its metaphysical implications, however, are not reflected in Arrabal's play.

95 A good edition of Carroll's work is *The Annotated Alice: Alice's Adventures in Wonderland and Through the Looking-glass*, with an introduction and notes by Martin Gardner (New York, Clarkson N. Potter, 1960). The relevant chapter is on pp. 229–44. Incidentally, as an expert player of chess, who has written a book about it as well as contributing regular articles to *L'Express*, Arrabal must have been very interested in the chess moves commonly associated with *Through the Looking-glass*.

96 Arrabal spoke to Alain Schifres (op. cit., 1969) about 'la tragédie de la guerre civile' in Spain and its awful effects on his family, mentioning also 'ce costume grotesque de militaire franquiste' worn by his brother (pp. 15ff.). He also told Bettina Knapp (op. cit., 1973) that he was 'against and afraid of war', distancing himself once more from his brother, an aviator in Franco's army: 'he is very reactionary, very devout, and represents all those forces I despise' (p. 82).

97 A. Berenguer considers the symbolism contained in the behaviour of Zapo to have also a more specifically political dimension. He uses a Lucien Goldmann type of socio-structuralist approach to the play, and claims that:

> à travers le soldat Zapo, c'est la lutte de l'individu contre le système aberrant de la société néo-capitaliste qui est transposée. Il s'agit, à travers toute l'oeuvre, d'affirmer désespérément la péripétie individuelle et la richesse de l'univers des relations individuelles. (*L'Exil et la cérémonie: le premier théâtre d'Arrabal*. Paris, Collection 10/18, Union Générale d'Éditions, 1977, p. 91)

98 p. 51. This is listed with other recommendations under the heading 'Art de vivre de l'homme panique', while 'pacifisme' is given as one of the 'lieux communs' 'l'homme panique' should cultivate (p. 52).

99 In *Guernica*, an old Basque couple, Fanchou and Lira, struggle to survive the bombardment, alternately comforting and quarrelling with each other in a typically childish fashion. They eventually die, but their 'rires heureux' are heard as two coloured balloons rise up from the rubble beneath which they are buried. (See penultimate note to *Pique-nique en campagne*.) Other plays

by Arrabal which make lesser reference to war include *L'Architecte et l'Empereur d'Assyrie*.

100 The Korean war began in 1950, and several critics assume that Arrabal was thinking about it when he wrote *Pique-nique en campagne* in 1952. But he was probably still at least as affected by the civil war in Spain, and it seems more accurate to regard the play as a denunciation of war in general.

SELECT BIBLIOGRAPHY

GENERAL CRITICAL STUDIES ON MODERN FRENCH DRAMA
(Including the 'nouveau théâtre')

Bishop, Tom (ed.), *L'Avant-garde théâtrale: French Theatre since 1950*, New York, New York University Press, 1975. (An annotated anthology with introductions.)

Bradby, David, *Modern French Drama, 1940–1980*, Cambridge, Cambridge University Press, 1984.

Duvignaud, Jean, and Lagoutte, Jean, *Le Théâtre contemporain: culture et contre-culture*, Paris, Larousse, 1974.

Esslin, Martin, *The Theatre of the Absurd*, 3rd edn (Harmondsworth and New York: Penguin Books in association with Eyre & Spottiswoode, 1980).

Fletcher, John (ed.), *Forces in Modern French Drama*, London, University of London Press, 1972.

Guicharnaud, Jacques, *Modern French Drama from Giraudoux to Genet*, New Haven and London, Yale University Press, 1967.

Jacquart, Emmanuel, *Le Théâtre de dérision: Beckett, Ionesco, Adamov*, Paris, Gallimard, 1974.

Norrish, Peter, *New Tragedy and Comedy in France, 1945–70*, London, Macmillan, 1988.

Pronko, Leonard Cabell, *Avant-garde: the Experimental*

Theater in France, Berkeley and Los Angeles, University of California Press, 1963.

PRINCIPAL WORKS BY ARTHUR ADAMOV

Plays

Théâtre, vol. 1, Paris, Gallimard, 1953: *La Parodie, L'Invasion, La Grande et la Petite Manoeuvre, Le Professeur Taranne, Tous contre tous.*
Théâtre, vol. 2, Paris, Gallimard, 1955: *Le Sens de la marche, Les Retrouvailles, Le Ping-Pong.*
Théâtre, vol. 3, Paris, Gallimard, 1966: *Paolo Paoli, La Politique des restes, Sainte Europe.*
Théâtre, vol. 4, Paris, Gallimard, 1968: *Le Printemps 71, M. le Modéré.*
Off Limits, Paris, Gallimard, 1969.
Si l'été revenait, Paris, Gallimard, 1970.

Other

L'Aveu, Paris, Éditions du Saggitaire, 1946.
August Strindberg: dramaturge (with Maurice Gravier), Paris, L'Arche, 1955.
Ici et maintenant, Paris, Gallimard, 1964.
L'Homme et l'enfant, Paris, Gallimard, 1968.
Je. . .Ils: Récits, Paris, Gallimard, 1969.

(A detailed bibliography of Adamov, including productions and broadcasts of *Le Professeur Taranne*, which has since also been televised, is to be found in David Bradby's *Adamov*, Research Bibliographies and Checklists Series, no. 10, London, Grant & Cutler, 1975.)

CRITICAL STUDIES ON ADAMOV

Gaudy, René, *Arthur Adamov*, Paris, Stock, 1971.

McCann, John J., *The Theater of Arthur Adamov*, Chapel Hill, University of North Carolina Department of Romance Languages, 1975.

Mélèse, Pierre, *Arthur Adamov*, Collection 'Théâtre de tous les temps' Paris, Éditions Seghers, 1973.

Reilly, John H., *Arthur Adamov*, New York, Twayne, 1974.

(See also Emmanuel Jacquart, op. cit. under 'General Critical Studies'.)

PRINCIPAL WORKS BY FERNANDO ARRABAL

Plays

Théâtre, vol. 1, Paris, Julliard, 1958, and Paris, Christian Bourgois, 1968: *Oraison, Les Deux Bourreaux, Fando et Lis, Le Cimetière des voitures.*

Théâtre, vol. 2, Paris, Julliard, 1961, and Paris, Christian Bourgois, 1968, and Paris, Union Générale d'Éditions (Collection 10/18), 1975: *Guernica, Le Labyrinthe, Le Tricycle, Pique-nique en campagne, La Bicyclette du condamné.*

Théâtre, vol. 3, Paris, Christian Bourgois, 1969: *Le Grand Cérémonial, Cérémonie pour un noir assassiné.*

Théâtre, vol. 4, Paris, Christian Bourgois, 1969: *Le Lai de Barabbas, Concert dans un oeuf.*

Théâtre, vol. 5, Paris, Christian Bourgois, 1967: *Théâtre panique, La Communion solennelle, L'Architecte et l'Empereur d'Assyrie.*

Théâtre, vol. 6, Paris, Christian Bourgois, 1969: *Le Jardin des délices, Bestialité érotique, Une tortue nommée Dostoievski.*

Théâtre, vol. 7, Paris, Christian Bourgois, 1969: *Théâtre de guérilla, Et ils passèrent des menottes aux fleurs, L'Aurore rouge et noir*.

Théâtre, vol. 8, Paris, Christian Bourgois, 1970: *Ars Amandi, Dieu tenté par les mathématiques*.

Théâtre, vol. 9, Paris, Christian Bourgois, 1972: *Le Ciel et la merde, La Grande Revue du XXe siècle*.

Théâtre, vol. 10, Paris, Christian Bourgois, 1972: *Bella Ciao, La Guerre de mille ans*.

Théâtre, vol. 11, Paris, Christian Bourgois, 1976: *La Tour de Babel, La Marche royale, Une orange sur le mont de Vénus, La Gloire en images*.

Théâtre, vol. 12, Paris, Christian Bourgois, 1978, and Paris, Union Générale d'Editions (Collection 10/18), 1986: *Théâtre bouffe, Vole-moi un petit milliard, Le Pastaga des loufs ou ouverture orang-outan, Punk et punk et colégram*.

Théâtre, vol. 13, Paris, Christian Bourgois, 1981: *Mon Doux Royaume saccagé, Le Roi de Sodome, Le Ciel et la merde II*.

Théâtre, vol. 14, Paris, Christian Bourgois, 1982: *L'Extravagante réussite de Jésus-Christ, Karl Marx et William Shakespeare, Lève-toi et rêve*.

Théâtre, vol. 15, Paris, Christian Bourgois, 1984: *Les Délices de la chair, La Ville dont le prince était une princesse*.

Théâtre, vol. 16, Paris, Christian Bourgois, 1986): *Bréviaire d'amour d'un haltérophile, Apokaliptica, La Charge des centaures*.

L'Architecte et l'Empereur d'Assyrie, Et ils passèrent des menottes aux fleurs, L'Aurore rouge et noir, nouvelle édition, Paris, Union Générale d'Éditions (Collection 10/18), 1986.

Other

Baal Babylone, Paris, Julliard, 1959, and Paris, Christian Bourgois, 1971, published as *Viva la muerte: Baal*

Babylone, Paris, Union Générale d'Éditions (Collection 10/18), 1969.

L'Enterrement de la sardine, Paris, Julliard, 1961, and Paris, Union Générale d'Éditions (Collection 10/18), 1972.

Le Panique (with Jodorowsky, Topor, etc.), Paris, Union Générale d'Éditions (Collection 10/18), 1973.

Fêtes et rites de la confusion, Paris, Union Générale d'Éditions (Collection 10/18), 1974.

Arrabal sur Fischer: initiation aux échecs, Paris, Éditions du Rocher, 1974.

La Tour prends garde, Paris, Bernard Grasset, 1983.

Échecs et mythe, Paris, Payot, 1984.

La Reverdie, Paris, Christian Bourgois, 1985.

Humbles paradis (première anthologie poétique), Paris, Christian Bourgois, 1985.

La Vierge rouge, Paris, Acropole, 1986.

CRITICAL STUDIES ON ARRABAL

Arata, Luis Oscar, *The Festive Play of Fernando Arrabal*, Lexington, University Press of Kentucky, 1982.

Berenguer, Angel, *L'Exil et la cérémonie: le premier théâtre d'Arrabal*, Paris, Union Générale d'Éditions, 1977.

Chesneau, Albert, *Décors et décorum: enquête sur les objets dans le théâtre d'Arrabal*, Sherbrooke, Canada, Naaman, 1984.

Chesneau, Albert, and Berenguer, Angel, *Entretiens avec Arrabal*, Lexington, University Press of Kentucky, 1982.

Daetwyler, Jean-Jacques, *Arrabal* Lausanne, Éditions L'Age d'Homme, 1975.

Donahue, Thomas, J., *The Theater of Fernando Arrabal: a Garden of Earthly Delights*, New York and London, New York University Press, 1980.

Gille, Bernard, *Fernando Arrabal*, Paris, Seghers, 1970.

Knapp, Bettina, *Off-Stage Voices: Interviews with Modern*

French Dramatists, New York, Whitston, 1973.

Podol, Peter L., *Fernando Arrabal*, Boston, Twayne, 1978.

Raymond-Mundschau, Françoise, *Arrabal*, Paris, Éditions universitaires, 1972.

Schifres, Alain, *Entretiens avec Arrabal*, Paris, Éditions Belfond, 1969.

LE
PROFESSEUR TARANNE

A Elmar Tophoven.

PERSONNAGES

Le professeur Taranne
Jeanne
L'Inspecteur en chef
L'Employé subalterne
La Vieille Employée
La Gérante
La Journaliste
La Femme du monde
Premier Monsieur
Premier Policier
Second Monsieur
Second Policier
Troisième Monsieur
Quatrième Monsieur

Le Professeur Taranne a été représenté pour la première fois au Théâtre de la Comédie, à Lyon, le 18 mars 1953. Mise en scène de Roger Planchon.

PREMIER TABLEAU

LE BUREAU DE POLICE

A gauche, en avant, assis derrière une table couverte de papiers, l'Inspecteur en chef, un homme âgé, de forte carrure. Il a un veston noir et un pantalon à rayures. Debout devant la table, le professeur Taranne, très raide. Il peut avoir quarante ans. Il est vêtu également de noir.

A leur droite, un peu en arrière, assis à califourchon sur une chaise, le menton appuyé au dossier, un jeune homme très brun, l'Employé subalterne.

A gauche, au fond, la Vieille Employée, vêtue d'une robe légère en tissu imprimé, compulse des papiers, ouvre et ferme des tiroirs, examine des fiches.

A droite, la scène est vide.

LE PROFESSEUR TARANNE, *un peu haletant, d'une seule traite*: Mais enfin, vous connaissez mon nom! Je suis célèbre, je jouis de l'estime publique.* Vous devriez le savoir comme les autres, je dirai même, étant donné votre profession, mieux que les autres. Vous vous rendez bien compte que cette accusation est absurde. Pourquoi aurais-je fait cela? La manière dont j'ai toujours vécu suffit à prouver que je ne peux pas me laisser aller à un geste pareil. . . Et puis, un peu de bon sens, Messieurs, je vous en prie! Quel homme irait se mettre nu par ce froid? (*Riant.*) Je n'ai pas envie de tomber malade, de m'aliter pour des semaines; comme tous les grands travailleurs, je suis avare de mon temps. . .

Réfléchissez donc! Peut-on se fier à des témoignages d'enfants? Ils disent. . . tout ce qui leur passe par la tête. Pour se rendre intéressants, pour qu'on s'occupe d'eux, ils feraient n'importe quoi. . . Il faut connaître les enfants. Et moi, je les connais. Non que j'aie des enfants pour élèves (*important*), je suis professeur de Faculté. . . Mais. . . (*se tournant vers la Vieille Employée, toujours en train de ranger ses papiers*) ma sœur a une petite fille. Une petite fille qui veut, à tout prix, être prise au sérieux. Il faut qu'on l'écoute! Qu'on l'écoute! Je l'aime beaucoup, du reste. Je peux dire que j'aime tous les enfants. Mais de là à croire ce qu'ils disent. . .

Je me promenais tranquillement au bord de l'eau, et puis, tout à coup, je les ai vus. Ils étaient là, tout près, ils m'encerclaient. . . Et il en sortait d'autres, de partout en même temps. Tous venaient sur moi. Alors, je me suis mis à courir. Je ne sais pas pourquoi j'ai couru. . . Sans doute parce que je ne m'attendais pas à les voir là.

Évidemment, j'ai couru. Ils ont pu vous dire que j'ai couru, mais c'est tout. Regardez-moi, Messieurs: ai-je l'air d'un homme qui s'est rhabillé en hâte? Et quand aurais-je eu le temps de me rhabiller. . .?

L'INSPECTEUR EN CHEF: Je regrette. Mais j'ai sous les yeux un rapport qui ne concorde pas du tout avec vos dires.

LE PROFESSEUR TARANNE: Ils couraient, et ils criaient tous ensemble. (*Bas.*) Comme s'ils s'étaient donné le mot.

L'INSPECTEUR EN CHEF: Et que criaient-ils?

LE PROFESSEUR TARANNE, *d'une petite voix aiguë et pointant l'index en avant*: «Tu vas voir! Tu vas voir!» Mais voir quoi? Je n'ai rien fait de mal, et je peux le prouver.

L'INSPECTEUR EN CHEF: Nous ne demandons qu'à nous laisser convaincre.

LE PROFESSEUR TARANNE: Je suis le professeur Taranne, un homme éminent. J'ai fait de nombreuses conférences à l'étranger. Dernièrement encore, on m'a invité en

Belgique,* et j'y ai remporté un succès sans précédent. . . Tous les jeunes gens s'arrachaient mes cours. . .
on se battait pour avoir une feuille écrite de ma main. . .

L'INSPECTEUR EN CHEF (*il se lève et pose sa main sur
l'épaule du professeur Taranne*): Je ne doute pas de vos
succès. Mais, pour l'instant, ce n'est pas ce qui importe. (*Il
retire sa main. Pause.*) Nous devons éclaircir votre affaire
pour compléter le rapport.

> *Il reste debout.*

LE PROFESSEUR TARANNE: Le rapport? Quel rapport? Mais
si vous rédigez un rapport, vous risquez de me causer un
grave préjudice. . . de compromettre ma carrière.

L'INSPECTEUR EN CHEF, *se rasseyant*: Vous n'êtes pas le
premier à qui de telles choses arrivent. (*Pause.*) Vous
en serez quitte pour une amende, voilà tout. Si vous
pouvez la payer, cet incident n'aura pour vous aucune
conséquence.*

LE PROFESSEUR TARANNE: Évidemment, je peux vous
payer. J'ai de l'argent. Je vais vous signer un chèque, rien
de plus facile. (*Mettant la main à la poche.*) Tout de suite,
si vous voulez. . .

L'INSPECTEUR EN CHEF (*il se lève de nouveau et touche le
bras du professeur Taranne*): Non, pas tout de suite. Je
vous demande seulement de signer (*montrant une feuille
sur la table*) une déclaration où vous reconnaîtrez avoir
été surpris nu par des enfants à la tombée de la nuit. (*Il se
rassied.*) Vous pouvez ajouter que vous ne vous saviez pas
observé.

LE PROFESSEUR TARANNE: Je sais trop bien qu'on
m'observe, qu'on me fouille du regard, que tout le monde
a les yeux fixés sur moi.

Pourquoi me regarde-t-on ainsi? Moi, je ne regarde personne. Le plus souvent, je baisse les yeux. Parfois même,
je les ferme presque. (*Pause.*) J'avais les yeux presque
fermés quand ils sont venus, tous.

L'INSPECTEUR EN CHEF: Combien étaient-ils?

LE PROFESSEUR TARANNE: Je ne les ai pas comptés, je n'en

ai pas eu le temps. (*Pause.*) Pourquoi me demandez-vous ça?

Je vous ai dit qui j'étais. Cela devrait vous suffire. . . Je ne puis croire que vous n'ayez jamais entendu parler de moi.

L'INSPECTEUR EN CHEF (*il rit*): Je le regrette.

LE PROFESSEUR TARANNE; C'est en effet très regrettable. Il vaut mieux savoir à qui on a affaire. (*Véhément.*) Encore une fois, comment pouvez-vous vous fier à des racontars d'enfants? Qu'est-ce qui prouve que la fillette qui est venue ici pour tout vous raconter ait réellement assisté. . . à la scène?* D'autres enfants ont dû la lui raconter à leur façon, et elle l'a encore modifiée, transformée, sans même s'en rendre compte peut-être. (*Pause.*) Oui, c'est bien ce qui s'est passé.

Du reste, c'est très simple, vous n'avez qu'à convoquer les gens qui me connaissent. Je peux vous donner leurs noms et leurs titres. Ils témoigneront de ma moralité. . . de mon renom. (*Pause.*) Faites-les venir ici, tous! Faites venir n'importe qui! Et vous verrez. . .

Entre, à droite, la Journaliste, une femme blonde, entre deux âges, ni laide ni jolie, aux cheveux coupés à la garçonne. Elle porte une jupe plissée et une blouse à manches courtes.

LA JOURNALISTE: Vous n'avez pas vu un monsieur très grand, très fort? Il tient toujours ses lunettes à la main. Il m'a donné rendez-vous ici. . .

L'EMPLOYÉ SUBALTERNE: Personne n'est venu, Madame, excepté (*montrant le professeur Taranne*) Monsieur le Professeur.

Le professeur Taranne tressaille.

LE PROFESSEUR TARANNE, *s'approchant de la Journaliste*: Je crois que nous nous sommes déjà rencontrés, Madame. . . Si je me souviens bien, vous avez fait paraître récemment une thèse. . . (*se tournant vers l'Employé subalterne*) une thèse tout à fait remarquable.

LA JOURNALISTE, *tout en marchant, désinvolte*: Vous devez faire erreur. Je suis journaliste. (*A l'Employé subalterne*.) Qu'il fait chaud chez vous! Vous ne pouvez pas aérer un peu?

L'EMPLOYÉ SUBALTERNE: Volontiers.

> *Il se lève, mais la Vieille Employée l'a devancé et fait le geste d'ouvrir la fenêtre au fond. Il se rassied et reprend sa pose: le menton appuyé au dossier de sa chaise.*

LE PROFESSEUR TARANNE, *à la Journaliste*: Permettez que je me présente. . .

LA JOURNALISE (*elle tourne de dos au professeur Taranne et va vers l'Inspecteur en chef, toujours en train d'écrire*): Décidément, les hommes manquent d'imagination. Quand ils veulent aborder une femme, ils l'ont toujours rencontrée quelque part.

> *L'Inspecteur rit légèrement tout en continuant d'écrire. La Journaliste va à la fenêtre, au fond.*
> *Entrent, à droite, le Premier et le Second Monsieur, très affairés, en manteau d'hiver. Le Premier Monsieur porte une serviette de cuir. Visiblement, ils poursuivent une conversation déjà commencée.*

PREMIER MONSIEUR, *au Second*: Je vous avais bien dit de vous méfier de lui.

LE PROFESSEUR TARANNE, *s'approchant, après une hésitation, des deux Messieurs*: Comme je suis heureux de vous rencontrer. Vous allez pouvoir me rendre. . . un service.

> *Les deux hommes se regardent interloqués, ils prennent le professeur Taranne pour un fou.*

PREMIER MONSIEUR, *froid*: Je ne vous connais pas, Monsieur.

> *Le Second Monsieur fait un geste de la main signifiant: moi non plus.*

LE PROFESSEUR TARANNE: Comment? Mais je vous ai vu si souvent à mes cours. . .

SECOND MONSIEUR: Nous ne suivons aucun cours. (*Riant.*) Nous avons passé l'âge des études. (*Au Premier Monsieur, important.*) Il faut le forcer à modifier son programme.

> *Le Premier Monsieur prend le bras du Second. Ils font les cent pas.*

LE PROFESSEUR TARANNE, *qui les suit*: Mais, Messieurs, vous ne pouvez pas ne pas me reconnaître, c'est impossible. Je suis. . . le professeur Taranne.

PREMIER MONSIEUR, *lentement, comme quelqu'un qui cherche à se souvenir*: Taranne?

SECOND MONSIEUR, *tournant ostensiblement le dos au professeur Taranne et prenant le bras du Premier Monsieur*: En tout cas, ma collaboration vous est acquise.

LE PROFESSEUR TARANNE, *bafouillant*: Je vous en prie, Messieurs, faites un effort, un tout petit effort. Et peut-être. . . dans moins d'une minute, vous allez vous écrier (*joyeux*) mais, c'est Taranne!

SECOND MONSIEUR, *haussant les épaules*: Vous voyez bien que nous sommes occupés.

> *Le professeur Taranne reste hébété.*

PREMIER MONSIEUR, *au Second, en lui prenant le bras*: Il est temps de prendre des mesures.

> *Ils font quelques pas.*

LE PROFESSEUR TARANNE, *allant vers l'Inspecteur en chef toujours assis à sa table*: C'est incompréhensible! Parce qu'enfin, sans même parler de mes titres. . . de mes travaux. . . j'ai un visage que l'on n'oublie plus quand on l'a vu une fois.

L'INSPECTEUR EN CHEF: Certainement.

LE PROFESSEUR TARANNE: Il est vrai que j'ai fait, entre-temps, un long voyage à l'étranger.

L'INSPECTEUR EN CHEF: Je sais. Un voyage qui vous a valu un très grand succès.

LE PROFESSEUR TARANNE: Un succès extraordinaire. Aussi, dois-je prochainement repartir là-bas. (*Pause.*) A l'étranger, on examine beaucoup plus sérieusement les problèmes qui m'intéressent. On leur accorde une importance qu'ils n'ont pas toujours ici, il faut bien l'avouer.

> *L'Inspecteur en chef ne bouge pas. Le professeur Taranne se rapproche timidement des deux Messieurs. L'Employé subalterne, qui est resté dans la même pose, semble endormi. La Vieille Employée compulse toujours ses papiers.*

LA JOURNALISTE, *quittant la fenêtre et allant à la rencontre des deux Messieurs*: Et moi qui ne vous reconnaissais pas. Vraiment, je m'excuse.

SECOND MONSIEUR: Comme on se retrouve.

LE PROFESSEUR TARANNE: J'ai souvent remarqué. . .

SECOND MONSIEUR, *tournant une fois de plus le dos au professeur Taranne, au Premier Monsieur*: Je crois que nous avons intérêt à faire vite.

> *Ils marchent.*

LA JOURNALISTE: Il s'agit de cette affaire dont vous m'avez parlé l'autre jour?

PREMIER MONSIEUR, *riant*: On ne peut rien vous cacher.

> *Entre la Femme du monde, une femme âgée, vêtue de sombre, avec un chapeau à voilette, accompagnée par le Troisième et le Quatrième Monsieur, deux hommes de haute taille, aux tempes grisonnantes, vêtus avec élégance.*

SECOND MONSIEUR: Par exemple!

> *Serrements de mains.*

LA JOURNALISTE, *au Troisième Monsieur, enjouée*: Le monde est petit!

TROISIÈME MONSIEUR, *se tournant vers la Femme du monde et le Quatrième Monsieur, à voix basse*: C'est une journaliste infatigable. (*Riant.*) On la rencontre partout, jusque dans les couloirs des universités.

> *Serrements de mains. Le professeur Taranne tressaille et s'approche.*

QUATRIÈME MONSIEUR: J'ai lu votre dernier article. Félicitations!

LA FEMME DU MONDE, *sérieuse*: A propos d'université. . . j'ai assisté, la semaine dernière, à un cours qui m'a tout particulièrement intéressée. (*Apercevant soudain le professeur Taranne*.) Mais, je ne rêve pas, c'est. . . (*au professeur Taranne*) Professeur, je n'osais espérer un tel hasard. J'étais justement en train de parler de vous.

LE PROFESSEUR TARANNE, *bafouillant d'émotion*: Je suis heureux, Madame. . .

LA FEMME DU MONDE: Permettez-moi, Professeur, de vous présenter à mes amis. (*Montrant le professeur Taranne*.) Professeur Ménard.

LE PROFESSEUR TARANNE, *écrasé*: Je. . .

> *L'Inspecteur en chef range les papiers sur la table, se lève, met son manteau et sort à gauche. Personne ne semble le voir sortir.*

QUATRIÈME MONSIEUR, *à voix presque haute, se penchant vers la Femme du monde*: Voyons! Ce n'est pas le professeur Ménard. Il lui ressemble un peu, mais le professeur Ménard est beaucoup plus grand, plus fort. . .

TROISIÈME MONSIEUR: Il tient ses lunettes à la main. . . comme lui. . . (*Riant*.) Mais à part ça!

LE PROFESSEUR TARANNE, *balbutiant*: Je. . . suis le professeur Taranne. . . Vous devez. . . certainement connaître les travaux.

LA FEMME DU MONDE: Taranne?

> *Le Troisième et le Quatrième Monsieur ont un geste de la main signifiant: nous non plus, nous ne connaissons pas ce Monsieur.*
>
> *L'Employé subalterne se lève, met sa chaise près de la table et sort à gauche. Personne ne semble le voir sortir.*

LE PROFESSEUR TARANNE, *bafouillant*: Vous m'étonnez beaucoup. . . D'autant plus que je connais. . . et estime tout particulièrement le professeur Ménard, et que. . . de son côté. . . il a pour moi, la plus grande (*enflant la voix avec désespoir*) considération.

> *Le professeur Taranne a parlé dans le vide, personne ne l'a écouté. La Femme du monde prend le bras du Troisième et du Quatrième Monsieur. Ils font lentement quelques pas.*
> *La Vieille Employée, qui a fini son travail, met son manteau et sort à gauche, sans que personne non plus ne semble s'en apercevoir.*

LA JOURNALISTE, *à la cantonade*: Je dois m'en aller maintenant.

> *Elle agite la main en guise d'adieu et sort à droite.*

SECOND MONSIEUR, *mettant la main sur l'épaule du Premier*: Cette imposture va maintenant cesser très vite. On y mettra bon ordre.

LA FEMME DU MONDE, *au Quatrième Monsieur*: On s'en va? Nous n'allons pas rester ici indéfiniment (*Soudain très grave.*) comme des coupables. . .

> *La Femme du monde et les Troisième et Quatrième Messieurs sortent à leur tour à droite. Le professeur Taranne fait un pas vers eux, mais, très vite, s'arrête et s'appuie, chancelant, à une chaise, puis il s'aperçoit brusquement de l'absence de l'Inspecteur en chef et des Employés, et se met à courir. Il sort à droite.*

VOIX DU PROFESSEUR TARANNE, *des coulisses*: Excusez-moi. . . Mais je voudrais vous demander si vous avez vu l'Inspecteur ou un des employés. . . C'est très fâcheux. Je devais signer ma déclaration. . . et. . . je ne l'ai pas fait. . . (*Terrifié.*) Pourtant, ils n'ont pas pu sortir, l'un de nous les aurait vus. Je ne comprends pas. . .

> *Entre, à gauche, la Gérante, vêtue d'une blouse grise. Elle déplace légèrement la table et les chaises, enlève les fichiers et apporte un tableau de clés qu'elle accroche au mur du fond, à droite de la scène.*
> *La scène représente maintenant le bureau de l'hôtel.* *

DEUXIÈME TABLEAU

LE BUREAU DE L'HOTEL

Le professeur Taranne marche de long en large.

LE PROFESSEUR TARANNE: Toujours personne! Que c'est fatigant! La gérante est allée se promener. . . comme d'habitude. Dans ces conditions, elle ferait mieux de donner son congé, ce serait plus honnête. . . (*Pause.*) Je voudrais tout de même savoir si j'ai du courrier. (*Entrent à droite les deux Policiers, aspect quelconque.*) Qui êtes-vous? Que voulez-vous? Il n'y a personne au bureau.

PREMIER POLICIER: Nous cherchons un dénommé. . .

Il sort un papier de sa poche.

SECOND POLICIER: Taranne.

LE PROFESSEUR TARANNE: Vous voulez dire: le professeur Taranne.

PREMIER POLICIER: Sur nos papiers, la profession est laissée en blanc.

LE PROFESSEUR TARANNE: C'est une fâcheuse lacune. Car alors, qui me prouve que c'est moi que vous cherchez? (*Les Policiers rient.*) Je suis le professeur Taranne. J'ai une chaire à l'Université. . . (*Les Policiers s'approchent.*) Qu'est-ce qu'il y a? Je n'ai fait de mal à personne. (*Riant.*) J'ai ma conscience pour moi.

PREMIER POLICIER: Vous avez commis une infraction à nos règlements.

LE PROFESSEUR TARANNE: Expliquez-vous. . .

SECOND POLICIER: Nous ne demandons pas mieux, mais vous nous coupez la parole.

PREMIER POLICIER: L'infraction que vous avez commise est très banale. Vous en serez quitte pour une contravention.

LE PROFESSEUR TARANNE: Encore faut-il que je sache de quoi il s'agit!

PREMIER POLICIER: Du calme! Qui donc n'a jamais eu de contravention?

LE PROFESSEUR TARANNE, *comme s'il prenait une décision héroïque, après un silence*: Ah, c'est ça! Vous n'êtes pas au courant! Mais je viens précisément des bureaux de la police. J'ai signé les papiers qu'il fallait. Des témoins se sont portés garants de mes bonnes mœurs, mon affaire est arrangée. Du reste, vous pouvez vous en rendre compte, puisque je suis là, en liberté devant vous, et que je vous explique. . .

Vos services sont très mal organisés, il faut bien le dire. Car, enfin, ce que je vous apprends là, vous devriez le savoir. C'est tout ce qu'il faut en conclure.

SECOND POLICIER: Vous vous trompez. Nous ne dépendons pas des bureaux du district. C'est au sujet d'un autre délit que nous sommes chargés de vous interroger.

LE PROFESSEUR TARANNE: Encore une fois, expliquez-vous. . .

PREMIER POLICIER: Vous êtes accusé d'avoir laissé traîner des papiers. . . dans les cabines de bains.

SECOND POLICIER: Vous vous croyez tout permis. Vous saurez désormais qu'il faut respecter la propreté des cabines.

LE PROFESSEUR TARANNE, *agressif*: Vous tombez mal. Je n'ai justement. . . pas pris de cabine ni hier ni. . . l'autre jour, et ce sont les seules fois où je me sois baigné, ces temps-ci. (*Pause.*) Évidemment, j'ai l'habitude de prendre une cabine. Je déteste me déshabiller sur la plage où tout le monde peut me voir. Et toutes les précautions dont il faut s'entourer si l'on ne veut pas être en butte aux regards indiscrets, toutes ces précautions me fatiguent, et surtout me font perdre un temps que j'aime mieux employer (*riant*) à autre chose... de plus utile. (*Esquissant un geste.*) C'est... toute une histoire que de baisser son pantalon après avoir noué très vite sa chemise autour de la ceinture; elle peut tomber, il faut faire attention. (*Pause.*) Vous me direz qu'on peut toujours se retirer derrière les cabines, mais là, le sable ne se renouvelle jamais, et il est d'une telle saleté... On hésite à aller jusque-là.

PREMIER POLICIER, *tendant au professeur Taranne le papier qu'il tenait à la main*: Ça va. Nous vous demandons seulement de faire la déclaration suivante: je jure n'avoir pas occupé de cabine de bains, à partir du... tant, et d'apposer votre signature. Ce n'est pas difficile.

SECOND POLICIER: Vous pouvez, si c'est exact et si vous le désirez, ajouter après «à partir du tant»: «cela parce que je n'avais pas d'argent».

LE PROFESSEUR TARANNE: C'est vrai, je n'avais pas d'argent... sur moi. Cela peut arriver à tout le monde d'oublier son argent à la maison. Certes, il peut paraître bizarre qu'un tel fait se renouvelle à quelques jours d'intervalle. Mais si l'on y réfléchit bien, c'est une vue très superficielle... Les choses viennent toujours par séries. C'est curieux, mais... le fait est là. Qui, la dernière fois que je suis allé à la plage, j'ai de nouveau oublié mon argent...

Vous me direz que j'aurais pu le chercher, revenir sur mes pas. Mais, ça, Messieurs, ça, je ne le peux pas, et je ne l'ai jamais pu. Parcourir une route avec l'idée qu'on aura encore à la parcourir, à en revoir tous les détails, je ne m'en sens pas la force. (*Changeant de ton.*) Et puis, d'une manière générale, je n'aime pas marcher. Je ne peux pas travailler en marchant.

SECOND POLICIER, *sortant un cahier de sa poche*: Reconnaissez-vous ceci?

LE PROFESSEUR TARANNE: Mais, c'est mon cahier...

Comment l'avez-vous eu? Répondez-moi. Je vous somme
de me répondre. Je l'ai constamment sur moi, il ne me
quitte jamais. J'y note toutes les idées qui me viennent au
cours de la journée, idées que je développe ensuite. . .
Non, vous n'y trouverez pas le texte complet d'un seul de
mes cours. (*Riant*.) Tout le cahier n'y suffirait pas. . . Mes
cours sont longs, très longs. Un ami m'a assuré un jour
que dans aucune Université on n'en fait d'aussi longs.
J'ai droit à plusieurs heures d'affilée. . . Parfois même,
j'occupe la chaire jusqu'à la nuit. . . Tandis que je parle,
on allume les lampes et, par les portes ouvertes, ne cessent
d'entrer de nouveaux auditeurs. Naturellement, je n'aime
pas beaucoup cela, à cause du bruit, des chaises qu'on
déplace. . . Mais beaucoup de gens ont, dans la journée,
des occupations auxquelles ils ne peuvent se soustraire,
quelque envie qu'ils en aient. . . Il faut se mettre à leur
place. D'autant plus que mon enseignement ne souffre pas
de cet état de choses. Mes cours sont subdivisés de telle
sorte qu'on peut très bien en suivre une partie sans avoir
nécessairement entendu la précédente. . . Ce n'est pas
que je me répète, non. Mais au début de chaque. . . partie. . . je résume ce que j'ai dit précédemment, et ce
résumé, Messieurs, loin d'être inutile, éclaire d'un jour
nouveau la question que je traite.

PREMIER POLICIER: Il y a dans votre cahier plusieurs pages
d'une écriture qui n'est pas la vôtre.

SECOND POLICIER, *tendant le cahier au professeur Taranne,
sans le lui donner*: Ici, par exemple.

Les deux Policiers encadrent le professeur Taranne.

LE PROFESSEUR TARANNE, *penché sur son cahier que tient
toujours le Second Policier*: Mais non, voyons, c'est moi,
c'est moi! Je me reconnais bien. Une écriture comme la
mienne, si particulière!

SECOND POLICIER: Alors, relisez-nous ce que vous avez
écrit.

LE PROFESSEUR TARANNE, *essayant de déchiffrer la page*

qu'on lui montre: Je veu. . . vous. . . vins. . . En effet, j'ai du mal à déchiffrer. Mais cela ne prouve rien. Quand on écrit très vite, en marchant, par exemple, – et je travaille souvent en marchant, – il arrive qu'on ne puisse pas se relire.

PREMIER POLICIER: L'auteur d'un texte doit pouvoir compléter ce qu'il a de la peine à relire. . . dans son propre texte.

SECOND POLICIER: On dirait. . .

LE PROFESSEUR TARANNE, *terrifié*: Que j'ai voulu prendre une autre écriture?* Mais pourquoi? Dans quel intérêt?

PREMIER POLICIER, *riant*: Je ne sais pas. Pour changer un peu. . .

LE PROFESSEUR TARANNE, *avançant la main*: Je vous en prie, rendez-le-moi!

> *Le Second Policier cache le cahier derrière son dos.*

PREMIER POLICIER: Un peu de patience!

SECOND POLICIER: Encore une question. Pourquoi les premières et les dernières pages du cahier sont-elles les seules écrites? Les pages du milieu, elles. . .

LE PROFESSEUR TARANNE: Les pages du milieu? Non, ce n'est pas possible. . . Il y a longtemps que j'ai achevé de remplir ce cahier. C'est. . . un très vieux cahier que j'ai pris pour le relire, pour y chercher quelques renseignements dont j'avais besoin. Je me souviens. . . J'ai écrit partout, même dans les marges. Vous avez dû le remarquer. Tout est couvert par moi, par moi, vous m'entendez?

SECOND POLICIER, *donnant le cahier au professeur Taranne*: Voyez vous-même.

PREMIER POLICIER: Vous n'avez pas encore utilisé toutes les pages, voilà tout.

LE PROFESSEUR TARANNE: Oui, c'est vrai. . . Il y a un trou. Un trou au milieu!

SECOND POLICIER, *riant*: Nous vous le disions bien.

LE PROFESSEUR TARANNE: Je vais vous expliquer. . . C'est

très simple. . . Parfois, je prends mes cahiers par un bout, parfois par l'autre. . . Vous comprenez. . . Oh, je prévois vos objections. Vous allez me dire: «Mais, alors, pourquoi est-ce toujours écrit dans le même sens? Si vous commenciez aux deux extrémités, on ne pourrait pas le lire d'une seule traite. . .» Bien sûr. . . seulement, je fais attention. . . (*Les deux Policiers sortent à droite. Taranne qui n'a pas remarqué leur départ poursuit son discours.**) Évidemment, j'aurais pu prendre garde à ne pas sauter de pages, et. . . ce ne serait pas arrivé. . . Mais je suis distrait, Messieurs. . . Beaucoup de savants, de chercheurs le sont. . . Ils le sont même presque tous, c'est connu. (*Riant.*) Il y a des anecdotes à ce sujet. . .

> *S'apercevant soudain qu'il est seul, il sort précipitamment à droite.*

VOIX DU PROFESSEUR TARANNE, *des coulisses*: Attendez. . . Je n'ai pas signé ma déclaration. Vous ne m'avez même pas donné de porte-plume, et je n'en avais pas sur moi. . . En haut, je l'ai laissé en haut! Mais je ne pouvais pas aller le chercher. . . Je ne sais pas pourquoi, ma clé n'est pas au tableau, et la Gérante sortie comme toujours! Vous m'entendez?. . . (*Il crie.*) Messieurs!

> *Au bout d'un instant, il reparaît à droite, toujours le cahier à la main.*

LE PROFESSEUR TARANNE (*il marche*): Je ne comprends pas pourquoi ils sont partis ainsi, sans rien dire, sans même me tendre la main. . . Ils viennent, ils s'en vont. . . ils trouvent tout naturel de déranger un homme qui travaille, qui a besoin d'un peu de paix pour mettre de l'ordre dans son travail. (*Le professeur Taranne fait quelques pas. Entre à gauche la Gérante portant sous le bras un immense rouleau de papier. Le professeur Taranne, allant vers la Gérante:*) Y a-t-il du courrier pour moi?

LA GÉRANTE: Non, Monsieur le Professeur, seulement ceci qu'on m'a demandé de remettre sans retard à Monsieur le Professeur.

Elle lui tend le rouleau de papier.

LE PROFESSEUR TARANNE, *prenant le rouleau de papier*:
Merci. (*La Gérante sort. Le professeur Taranne pose le
cahier sur la table, s'agenouille et déroule le rouleau au
milieu de la scène. C'est une carte gigantesque qui représente un plan dessiné à l'encre de Chine. Le professeur
Taranne à genoux, penché sur la carte, balbutie*:) Il doit y
avoir erreur. . . Ce n'est certainement pas à moi que cela
s'adressait. . . Pourtant, le professeur Taranne, c'est bien
moi, il n'y a pas de doute. (*Il crie*:) Madame!

LA GÉRANTE, *reparaissant à gauche*: Vous m'avez appelée,
Monsieur le Professeur?

LE PROFESSEUR TARANNE, *se levant*: Qui vous a apporté
cette carte?

LA GÉRANTE: Je l'ai trouvée sur le bureau, en rentrant. On
y avait joint un papier sur lequel il était écrit: à remettre
sans délai à Monsieur le professeur Taranne. Je ne sais
rien de plus.

Elle sort à gauche.

*Le professeur Taranne s'agenouille de nouveau
devant la carte et l'étudie. Entre, à droite, Jeanne, une
jeune femme brune, aux traits réguliers et à la voix
égale. Elle ne manifeste aucun étonnement et contourne la carte pour ne pas marcher dessus. Elle s'arrête
de l'autre côté de la carte, à gauche de la scène.*

JEANNE: Il fait bon ici.

LE PROFESSEUR TARANNE: Jeanne, il m'arrive des choses
extraordinaires.

JEANNE: Extraordinaires! En es-tu sûr? A t'entendre, tout
est toujours extraordinaire. (*Riant.*) Quel frère j'ai là!

LE PROFESSEUR TARANNE: Écoute-moi bien. . . On vient de
m'apporter. . . cette carte. . . C'est le plan de la salle à
manger d'un navire à bord duquel j'aurais retenu une
place. Seulement, voilà, je n'ai pas retenu de place à bord
d'un navire. . .

JEANNE (*elle s'agenouille et se penche sur la carte*): A en juger d'après ce plan, c'est une belle et grande salle à manger.

LE PROFESSEUR TARANNE: Oui, elle est grande.

JEANNE: J'ai souvent admiré dans les agences les photographies du «Président-Welling». C'est certainement le paquebot le plus rapide et le mieux aménagé de tous.

LE PROFESSEUR TARANNE: C'est possible. Il reste que je n'ai pas retenu de place à bord de ce navire, ni d'aucun autre, et que, par conséquent. . .

JEANNE (*elle se penche davantage, la main à plat sur la carte*): De quoi te plains-tu? On a eu des égards pour toi. (*Montrant du doigt un point sur la carte.*) Tu vois, la croix là, c'est ta place. Tu es à la table d'honneur, et au centre par surcroît.

LE PROFESSEUR TARANNE: Tout cela n'explique pas pourquoi j'aurais retenu une place à bord d'un navire. Pour aller où? On ne va pas en Belgique par voie de mer, que je sache.

JEANNE: Pour t'avoir placé aussi bien, ils doivent savoir qui tu es.

LE PROFESSEUR TARANNE: Bien sûr. . . Ce n'est pas par hasard qu'ils m'ont mis à la table d'honneur, à côté des plus hautes personnalités. . . Mais je n'ai pas l'intention de partir si loin. Je n'ai aucune raison de le faire. Je n'ai rien à chercher . . .ni à craindre.

JEANNE (*elle se lève et se tient très droite*): Tu as dû prendre ton billet un jour que tu étais fatigué à la suite d'un trop grand travail. Et puis tu as été moins fatigué, et tu as oublié que tu l'avais pris.

LE PROFESSEUR TARANNE, *absent*: Peut-être.

JEANNE: Oui, il arrive qu'on fasse des choses qu'on oublie par la suite. Souvent, je cherche mes peignes, et je les ai dans les cheveux. C'est drôle, on est un peu vexé sur le moment, et puis, on rit. . . (*Elle rit, puis, sérieuse.*) J'ai une lettre pour toi.

LE PROFESSEUR TARANNE, *très vite*: De Belgique?

JEANNE: Je ne sais pas. Il y a une statue sur le timbre, et une inscription.

LE PROFESSEUR TARANNE: Tu as la lettre?

Il va vers Jeanne, en contournant la carte.

JEANNE (*elle sort une lettre de sa poche*): Au-dessous de la statue, c'est écrit (*lisant*): Territoire de l'Indépendance.

LE PROFESSEUR TARANNE: Mais il n'y a jamais de telles inscriptions sur aucun timbre! (*Tendant la main.*) Donne-la-moi.

JEANNE, *montrant la lettre au professeur Taranne sans la lui donner*: Tu vois, à côté, il y a un autre timbre, avec un lion.

LE PROFESSEUR TARANNE: Oui, le lion royal de Belgique!

JEANNE: J'ai dû payer une surtaxe. (*Riant.*) J'ai vidé tout mon porte-monnaie.

LE PROFESSEUR TARANNE: C'est bien ce que je pensais, Enfin, la lettre du Recteur! (*Pause.*) Donne-la-moi. Pourquoi ne veux-tu pas me la donner?

JEANNE: Je voudrais te la lire.

LE PROFESSEUR TARANNE: Donne-la-moi.

Il veut prendre la lettre, mais Jeanne résiste.

JEANNE, *tendant la lettre au professeur Taranne*: Comme tu veux!

LE PROFESSEUR TARANNE: Non, lis-la.

Jeanne s'assied sur le rebord de la table et ouvre l'enveloppe. Le professeur Taranne reste debout à côté d'elle.

JEANNE (*elle lit d'un ton neutre dont elle ne se départira pas jusqu'à la fin de la pièce*): «Monsieur, vous témoignez, dans votre dernière lettre, d'une impatience qui, je l'avoue, m'a étonné. . .»

LE PROFESSEUR TARANNE, *avec frayeur*: J'en étais sûr. J'ai été maladroit, je l'ai vexé. . .

JEANNE (*elle lit*): «Je croyais pourtant, en attirant votre attention sur l'état de santé de ma femme, vous avoir suffisamment expliqué la raison du retard que j'ai apporté à vous répondre. . .»

LE PROFESSEUR TARANNE: Évidemment, j'aurais dû lui demander des nouvelles de sa femme. Mais il pourrait se mettre à ma place. Je lui parlais dans ma lettre de questions qui me tiennent tout particulièrement au cœur. On ne passe pas si facilement d'un sujet à un autre. (*Pause.*) Eh bien, oui, j'ai oublié sa femme.

JEANNE (*elle lit*): «Dans ces conditions, il m'est, de toute manière, impossible de prendre les dispositions que nécessiterait votre second séjour parmi nous. . .»

LE PROFESSEUR TARANNE: Il se croit donc irremplaçable. . . Pour prendre ces dispositions, d'autres sont tout aussi qualifiés que lui. . . D'autres seraient très heureux de me rendre service, de faire des démarches pour moi.

JEANNE (*elle lit*): «Je dois aussi vous dire qu'à votre dernier voyage, j'ai appris avec surprise que vous aviez négligé de faire connaître à la Direction les heures précises de vos cours, portant ainsi préjudice à vos collègues qui ont dû, au dernier moment, modifier leurs horaires. . .»

LE PROFESSEUR TARANNE: Mais ils ne demandaient pas mieux!

JEANNE (*elle lit*): «J'ai également appris que vos causeries s'étaient prolongées au delà des limites permises. . .»

LE PROFESSEUR TARANNE: Si j'ai prolongé mes cours, c'est que l'abondance des matières m'y obligeait. . ., que je ne pouvais pas faire autrement. . .

JEANNE (*elle lit*): «On me dit enfin que l'attention de vos auditeurs se relâchait sensiblement, que certains allaient jusqu'à parler à voix haute, et que d'autres quittaient l'amphithéâtre avant que vous n'eussiez fini.»

LE PROFESSEUR TARANNE: Qui s'est permis de lui rapporter de tels mensonges? Et comment peut-il être crédule à ce point?. . .

Voyons, c'est absurde! Si la salle s'était vidée pendant que je faisais mon cours, je l'aurais vu, je me serais arrêté. . . Or, je ne me suis jamais arreté. . . Au contraire, j'ai parlé d'une seule traite et sans baisser la voix. (*Pause.*) A aucun moment, je n'ai baissé la voix.

Certes, il est arrivé que des étudiants partent avant la fin. Mais c'est parce qu'ils avaient un train à prendre pour rentrer chez eux. Ils étaient venus d'une autre ville, spécialement pour m'entendre, et il n'y avait que ce train-là. . . On ne peut rien reprocher à ces étudiants, absolument rien. . .

Quant aux murmures qui, une fois, se sont élevés du fond de la salle, je sais ce qui les a provoqués. . . Des étudiantes ont fait taire plusieurs jeunes gens assis derrière elles, qui s'écriaient: «Quelle clarté! Quelle puissance de raisonnement!. . .» Je ne leur en veux pas; elles prenaient consciencieusement des notes. Il est tout à fait normal qu'elles aient réclamé le silence.

JEANNE (*elle lit*): «Tout cela n'aurait guère d'importance si l'intérêt même de vos cours ne pouvait être mis en question, ce qui n'est pas le cas. Vos derniers exposés m'ont paru très inégaux. . .»

LE PROFESSEUR TARANNE: Inégaux! Facile à dire! Comme si l'on pouvait toujours aller au centre! Comme s'il n'y avait pas des questions que l'on fouille plus que d'autres, parce qu'elles vous concernent personnellement, qu'elles vous touchent. . .

Il se frappe la poitrine du doigt.

JEANNE (*elle lit*): «Certains points m'ont intéressé. Mais j'aurais aimé les voir développés avec plus de précision, et, je dirai, plus d'honnêteté. Les idées que vous exprimez me rappelent un peu trop celles, déjà consacrées, du professeur Ménard. Non que je fasse la moindre réserve sur ces idées. Elles me semblent, au contraire, mériter la plus grande attention. Mais, comment avez-vous pu négliger d'indiquer vos références, et présenter ainsi, comme le résultat d'une recherche per-

sonnelle, le démarcage d'une œuvre que nous connaissons et admirons tous. . .»

LE PROFESSEUR TARANNE (*il s'appuie, défait, à la table et
balbutie*): Ce n'est pas vrai. . . Ce n'est pas vrai. . . Nous
avons eu les mêmes idées au même moment. Ce sont
des choses qui arrivent. Ce n'est pas la première fois. . .

JEANNE (*elle lit*): «Je ne vous aurais peut-être pas fait part de
mes impressions si on ne m'avait adressé, de divers
côtés, des lettres me signalant ce qu'il faut bien appeler
votre indélicatesse.»

LE PROFESSEUR TARANNE, *se redressant dans un sursaut*: Ils
lui ont écrit, tous! Je savais qu'ils le feraient. Je les ai bien
observés. Tandis que je parlais, ils glapissaient (*criant
d'une voix aiguë*): «Il a volé les lunettes du professeur
Ménard. Il fait tout comme le professeur Ménard.
Dommage qu'il soit plus petit que lui.» Et je ne sais quelles
balivernes. . .

   Si seulement ils avaient eu le courage de se lever et de me
dire en face les choses qu'ils chuchotaient lâchement,
alors je me serais levé, et j'aurais dit (*avec un geste
d'orateur, enflant la voix*): Messieurs. . .

JEANNE (*elle lit*): «Il résulte de tout cela que je ne puis vous
inviter à notre prochaine session.

   «Croyez, Monsieur, que je regrette d'avoir eu à modifier
l'opinion que je m'étais faite de vous.»

   *Jeanne se lève, pose tranquillement la lettre sur la
table et s'apprête à sortir. Le professeur Taranne
s'agrippe à la table pour ne pas tomber.*

LE PROFESSEUR TARANNE: Pourquoi me dire ça maintenant,
après tant d'années? Pourquoi ne me l'a-t-il pas dit
plus tôt? Pourquoi ne me l'ont-ils pas dit, tous? Puisque
ça se voit! Puisque ça saute aux yeux du premier
coup!

   *Pendant que le professeur Taranne parle, Jeanne
contourne avec soin la carte et sort lentement à droite.*

Après sa dernière phrase, le professeur Taranne se tourne vers la carte et la regarde longuement.

Entre à gauche la Gérante. Sans regarder le professeur Taranne, elle enlève les quelques objets qui constituent le décor (chaises, etc.) et les porte dans les coulisses. La scène reste vide. Seuls le cahier et la lettre que la Gérante a fait tomber gisent à terre. Le professeur Taranne n'a rien remarqué. La Gérante sortie, il prend la carte, va d'un pas mécanique au fond de la scène, et cherche du regard où l'accrocher. Un dispositif est déjà installé. En se haussant sur la pointe des pieds, il parvient à accrocher la carte au mur. La carte est une grande surface grise, uniforme, absolument vide.* Le professeur Taranne, dos au public, la regarde un long moment, puis très lentement commence à se déshabiller.*

Rideau.

1951.

NOTES TO *LE PROFESSEUR TARANNE*

Page
64 **Je suis célèbre, je jouis de l'estime publique**: From the start, Taranne betrays his overwhelming sense of his own importance, which the play will question throughout. Hence the audience will in this respect at least feel detached from him, though it may also identify with him in some of his personal experiences and in his plight. Adamov perceived this distinction clearly (see Introduction) and appears to have cultivated it in his composition, which may be more carefully structured than the mere transposition of a dream suggests. The parodying of professors, as traditionally absurd figures, on the modern stage, is sketched with reference to Adamov and to Ionesco by Alexander Fischler in 'The absurd professor in the theater of the absurd', *Modern Drama*, vol. 21, no. 2 (1978), pp. 137–52.

66 **Belgique**: Adamov attaches importance to the fact that, in order to be faithful to every detail of the dream which gave rise to this play, he specified a real place for the first time in his work. 'Cela n'a l'air de rien, mais c'était tout de même la première fois que je sortais du «*no man's land*» pseudo-poétique et osais appeler les choses par leur nom' (*Théâtre*, vol. 2, p. 13).

cet incident n'aura pour vous aucune conséquence: The attitudes and actions of the police in this play are far more benign than might have been expected, given the ruthless oppression evoked in other Adamov plays, such as *La Parodie, La Grande et la Petite Manoeuvre, Tous contre tous* (depicting the terrible plight of refugees in the hands of a brutal police state), and *La Politique des restes* (partly about the determination of minority groups to retain power at all costs). In the latter play, for example, savage repression is referred to by a white defence counsel as follows: 'La police a, comme vous le savez, tiré, samedi dernier, sur cinq noirs qui refusaient de circuler, en blessant mortellement deux, dont un garçon, de quatorze ans, accusé, je crois bien, d'avoir volé soixante-huit cents.' In *Taranne*, the police in both tableaux have the more subtle role of vaguely threatening investigators who seem suddenly to lose interest, while the subject of their enquiries remains totally absorbed with his problems and perplexed and worried by their inexplicable departure.

67 **assisté. . . à la scène:** Taranne's speeches throughout the play have a conspicuous proliferation of *points de suspension*, appropriate to his situation and to his character. Sometimes they merely indicate hesitation, uncertainty, or changes in subject or emphasis; at others, as here, they suggest an unwillingness or inability to tell, or to perceive, the whole truth. Taranne's interlocutor, the Chief Inspector, has by contrast no such punctuation in his lines. Jean-Jacques Bernard makes use of similar breaks in speech, in plays like *Martine* (1922), to suggest unspoken feelings. There are many cases of this in other Adamov plays, such as *Tous contre tous*, and, from *La Parodie* onwards, part of the inference of fumbling utterances relates to a more basic and general problem of communication between people. It is one element of Adamov's considerable skill in manipulating dialogue.

72 **La scène représente maintenant le bureau de l'hôtel:** The dream-like abrupt change of scene is a device used earlier by Adamov, the nearest equivalent occuring in

tableau IV of *La Parodie*, in which a dance-hall is transformed into the vestibule of a hotel. In that play, however, the changes and some other incidents are much more extraordinary: not only places but people change, assuming different identities, and one of them (Lili) recounts absurd adventures, such as sunbathing in the middle of the night, and appears to be able to read the time on a clock without hands. In *Taranne*, Adamov has already begun to move away from the wealth of confusion he so much admired in the dream-like plays of Strindberg.

77 **prendre une autre écriture?**: to adopt a different form of handwriting? (not 'to steal someone else's writing?', as one published translation has it, although the terror with which Taranne volunteers his suggestion might be interpreted as being caused by the need to disguise the fact that the notebook really does contain entries made by another person, with the added possible implication, stemming from an accusation made later in the play, that Taranne intended to plagiarize them.) At all events, this is but one indication that he has for long been playing a game of deception, including self-deception. His anxiety not to reveal the truth makes him contradict himself ('Je ne peux pas travailler en marchant' (p. 75) is followed by 'je travaille souvent en marchant' here). He has earlier (p. 74) lied to the policeman about the successful conclusion of the charge brought against him by the children. He has ironically described his disastrous visit to Belgium as 'un succès sans précédent' (p. 66) and 'un succès extraordinaire' (p. 69). The image he presents of himself as 'un homme éminent' (p. 65) is pushed to its most absurd limit of delusion of grandeur in this scene, with his description of his uniquely lengthy, well-attended lectures, stretching from day until late at night. Yet, even in such fanciful outbursts of wishful thinking, Taranne never indulges in lyricism. The style throughout this play is significantly

plain, even matter-of-fact. Judging from *Knock, ou le triomphe de la médecine* (1923), one can imagine to what heights of colourful rhetoric Taranne would have risen had he been created by Jules Romains! But the intentions of Romains were more bitingly satirical than those of Adamov, who wishes to draw attention to Taranne's vanity without alienating him from the spectator; he wants us to continue to be aware of his predicament. The stance Adamov takes is even further distant from that taken by other earlier twentieth-century dramatists, who use lyricism either sparingly (Sartre or Camus, for example) or extensively (like Claudel or Giraudoux) for climactic and richly poetic purposes respectively.

78 **Taranne qui n'a pas remarqué leur départ poursuit son discours**: This, the second occasion in the play where the police walk out on Taranne without his noticing their departure (and renewing his anxiety when he becomes aware of their absence), is reminiscent of earlier cases in Adamov's plays of characters who continue to talk in similar circumstances. In *La Parodie*, for instance, the Employé goes on addressing words to Lili after she has left him. Non-communication between people is indicated also by characters who simply do not listen, as in *La Grande et la Petite Manoeuvre*, where the Mutilé and the Soeur seem to be talking to each other, whereas in fact each remains absorbed with his/her own thoughts.

85 **La carte est une grande surface grise, uniforme, abolument vide**: This conclusion to the episode of the seating plan of the ship's dining-room is almost as surprising as what follows. R. Gaudy (*Arthur Adamov*, Paris, Stock, 1971) regards its obliteration as a reduction to 'la solitude, le néant', after dreams of fame and splendour: 'Taranne rêve de voyages somptueux sur «le paquebot le plus rapide et le mieux aménagé de tous», avec sa place réservée, à la table d'honneur; le monde

de Scott Fitzgerald.' Adamov is quoted as admiring the heroes of Fitzgerald in an interview in the same book (pp. 158–61). F. Scott Fitzgerald was first published in France in 1926, but his work did not become well known in French literary circles until the end of the Second World War (see Linda C. Stanley, *The Foreign Critical Reputation of F. Scott Fitzgerald*, Westport, Connecticut, and London, Greenwood Press, 1980).

commence à se déshabiller: For discussion of this startling ending to the play, see Introduction. Pursuing his argument about reduction to nothingness, R. Gaudy (op. cit.) comments:

> Taranne, l'homme nul, ne tient plus que par ses vêtements. Il n'a plus que ses vêtements. Pour n'avoir plus rien, pour n'être plus rien, il ne lui reste plus qu'à les ôter. C'est le dernier geste à accomplir pour retourner au néant, pour être mort tout à fait. (p. 44)

If Taranne's final action signals his defeat, this is consistent with the fate, in varying degrees, of all of Adamov's other early protagonists. Another of the more subtle cases of their common lot is to be found in *Les Retrouvailles*, where Edgar (a cross and frustrated young man, like Henri in *Le Sens de la marche*) is finally overwhelmed because he has lost, and may even be responsible for the death of, both his fiancée and her surrogate. He is reduced to struggling ineffectually against his mother's power over him; this defeat culminates in a scene whose grotesqueness is of a kind often found also in the work of Arrabal:

> *La Mère descend du piano, s'approche d'Edgar, et brusquement, avec un rire, l'enfonce dans la voiture d'enfant. Edgar, grotesque, se débat; ses jambes sortent de la voiture. La Mère, riant de plus en plus fort, pousse du pied la voiture, qui traverse la scène de gauche à droite, puis disparaît dans la coulisse.*

PIQUE-NIQUE EN CAMPAGNE*

PERSONNAGES

Zapo
Monsieur Tépan
Madame Tépan
Zépo
Premier Brancardier*
Deuxième Brancardier

Un champ de bataille.
Fils de fer barbelés d'un bout à l'autre de la scène. * *Tout*
près des fils, on voit des sacs de sable.

> *La bataille fait rage. On entend des coups de fusil, des*
> *bombes éclatent, crépitement des mitrailleuses. Zapo*
> *est seul en scène, à plat ventre, caché entre les sacs. Il a*
> *très peur. Le combat cesse. Silence. Zapo tire d'un sac à*
> *ouvrage en toile une pelote de laine, des aiguilles et il se*
> *met à tricoter un pull-over déjà assez avancé. Le télé-*
> *phone de campagne, qui se trouve à côté de lui, sonne*
> *tout à coup.*

ZAPO: Allô. . . Allô. . . à vos ordres, mon capitaine. . .
Oui, je suis la sentinelle du secteur 47. . . Rien de
nouveau, mon capitaine. . . Excusez-moi, mon capitaine,
quand va-t-on reprendre le combat?. . . Et les grenades,
qu'est-ce que j'en fais? Je dois les envoyer en avant ou en
arrière? Ne le prenez pas en mauvaise part, je ne disais pas
ça pour vous ennuyer. . . Mon capitaine, je me sens
vraiment très seul, vous ne pourriez pas m'envoyer un
camarade?. . . Ne serait-ce que la chèvre. (*Le capitaine*
sans doute le réprimande vertement.) A vos ordres,* mon
capitaine. (*Zapo raccroche. On l'entend grommeler entre*
ses dents.)

*Silence. Entrent M. et Mme Tépan qui portent des pa-
niers comme pour aller à un pique-nique. Ils s'adressent
à leur fils qui, le dos tourné, ne voit pas les arrivants.*

M. TÉPAN, *cérémonieusement*: Mon fils, lève-toi et
embrasse ta mère sur le front. (*Zapo surpris se lève et
embrasse sa mère sur le front avec beaucoup de respect. Il
veut parler, son père lui coupe la parole.*) Et maintenant,
embrasse-moi.

ZAPO: Mais, chers petit père et petite mère, comment avez-
vous osé venir jusqu'ici, dans un endroit aussi dange-
reux? Partez tout de suite.

M. TÉPAN: Tu veux peut-être en remontrer à ton père en
fait de guerre et de danger? Pour moi, tout ceci n'est qu'un
jeu.* Combien de fois, sans aller plus loin, ai-je descendu
du métro en marche.

Mme TÉPAN: On a pensé que tu devais t'ennuyer, alors on est
venu te faire une petite visite. A la fin, cette guerre, ça doit
être lassant.

ZAPO: Ça dépend.

M. TÉPAN: Je sais très bien ce qui se passe. Au commence-
ment, tout nouveau tout beau. On aime bien tuer et lancer
des grenades et porter un casque, ça fait chic, mais on finit
par s'emmerder. De mon temps, tu en aurais vu bien
d'autres. Les guerres étaient beaucoup plus mouve-
mentées, plus hautes en couleur. Et puis, surtout, il y avait
des chevaux, beaucoup de chevaux. C'était un vrai plaisir:
si le capitaine disait: «A l'attaque!» aussitôt, nous étions
tous là, à cheval, en uniforme rouge. Ça valait le coup d'œil.
Et après, c'était des charges au galop, l'épée à la main, et
tout à coup on se trouvait face à l'ennemi, qui lui aussi
était* à la hauteur des circonstances, avec ses chevaux – il
y avait toujours des chevaux, des tas de chevaux, la croupe
bien ronde – et ses bottes vernies, et son uniforme vert.*

Mme TÉPAN: Mais non, l'uniforme ennemi n'était pas vert.
Il était bleu. Je me rappelle très bien qu'il était bleu.

M. TÉPAN: Je te dis qu'il était vert.

Mme Tépan: Combien de fois, quand j'étais petite, me suis-je mise* au balcon pour regarder la bataille, et je disais au petit du voisin: «Je te parie une boule de gomme que ce sont les bleus qui gagnent.» Et les bleus, c'étaient nos ennemis.

M. Tépan: C'est bon, à toi le pompon.*

Mme Tépan: J'ai toujours aimé les batailles. Quand j'étais petite, je disais que plus tard je voulais être colonel de dragons. Mais maman n'a pas voulu, tu sais comme elle est à cheval sur les principes. . . .*

M. Tépan: Ta mère est une vraie buse.

Zapo: Excusez-moi, il faut que vous partiez. On ne peut pas entrer à la guerre quand on n'est pas soldat.

M. Tépan: Je m'en fous, on est ici pour pique-niquer avec toi à la campagne et profiter de notre dimanche.

Mme Tépan: J'ai même préparé un excellent repas. Du saucisson, des œufs durs, tu aimes tellement ça! des sandwiches au jambon, du vin rouge, de la salade et des gâteaux.

Zapo: C'est bon, ça sera comme vous voulez. Mais si le capitaine vient, il va se mettre dans une de ces rognes. Avec ça qu'il n'est pas très chaud pour les visites au front. Il ne cesse de nous répéter: «A la guerre, il faut de la discipline et des grenades, mais pas de visites.»

M. Tépan: Ne t'en fais pas, je lui dirai deux mots à ton capitaine.

Zapo: Et s'il faut reprendre le combat?

M. Tépan: Est-ce que tu crois que ça me fait peur, j'en ai vu d'autres. Si encore c'étaient des batailles à cheval! Les temps ont changé, tu ne comprends pas ça. (*Un temps.*) On est venu à moto. Personne ne nous a rien dit.

Zapo: Ils ont dû croire que vous serviez d'arbitres.

M. Tépan: On a pourtant eu des ennuis pour avancer. Avec tous ces tanks et ces jeeps.

Mme Tépan: Et au moment d'arriver, tu te rappelles cet embouteillage à cause d'un canon?

M. Tépan: En période de guerre il faut s'attendre à tout, c'est bien connu.

Mme TÉPAN: C'est bon, on va commencer à manger.

M. TÉPAN: Tu as raison, je me sens un appétit d'ogre. C'est l'odeur de la poudre.

Mme TÉPAN: On va manger assis sur la couverture.

ZAPO: Je vais manger avec mon fusil?

Mme TÉPAN: Laisse ton fusil tranquille. C'est mal élevé de tenir son fusil à table (*Un temps.*) Mais tu es sale comme un goret, mon enfant. Comment as-tu pu te mettre dans cet état? Montre tes mains.

ZAPO, *honteux, les lui montre*: J'ai dû me traîner par terre à cause des manœuvres.

Mme TÉPAN: Et tes oreilles?

ZAPO: Je les ai lavées ce matin.

Mme TÉPAN: Enfin, ça peut passer. Et les dents? (*Il les montre.*) Très bien. Qui est-ce qui va faire une grosse bise à son petit garçon qui s'est bien lavé les dents? (*A son mari.*) Eh bien, embrasse ton fils qui s'est bien lavé les dents. (*M. Tépan embrasse son fils.*) Parce que tu sais, une chose que je ne peux pas admettre, c'est que, sous prétexte de faire la guerre, tu ne te laves pas.

ZAPO: Oui maman. (*Ils mangent.*)

M. TÉPAN: Alors, mon fils, tu as fait un beau carton?

ZAPO: Quand?

M. TÉPAN: Mais ces jours-ci.

ZAPO: Où?

M. TÉPAN: En ce moment, puisque tu fais la guerre.

ZAPO: Non, pas grand-chose. Je n'ai pas fait un beau carton. Presque jamais mouche.*

M. TÉPAN: Et qu'est-ce que tu as le mieux descendu: les chevaux ennemis ou les soldats?

ZAPO: Non, pas de chevaux, il n'y a plus de chevaux.

M. TÉPAN: Alors, les soldats?

ZAPO: Ça se peut.

M. TÉPAN: Ça se peut? Tu n'en es pas sûr?

ZAPO: C'est que. . . je tire sans viser. (*Un temps.*) En récitant un *Notre Père** pour le type que j'ai descendu.

M. Tépan: Il faut te montrer plus courageux. Comme ton père.

Mme Tépan: Je vais passer un disque sur le phono.

Elle met un disque. * Tous trois assis par terre écoutent.

M. Tépan: Ça, c'est de la musique. Mais oui madame!*

La musique continue. Entre un soldat ennemi: Zépo. Il est habillé comme Zapo. Il n'y a que la couleur qui change. Zépo est en vert et Zapo en gris. Zépo écoute la musique bouche bée. Il se trouve derrière la famille qui ne peut pas le voir. Le disque finit. Zapo en se levant découvre Zépo. Tous deux lèvent les mains en l'air, M. et Mme Tépan les regardent d'un air surpris.

M. Tépan: Que se passe-t-il?

Zapo réagit, il hésite. Enfin, l'air décidé, il vise Zépo avec son fusil.

Zapo: Haut les mains!

Zépo lève les bras encore plus haut, l'air encore plus terrifié. Zapo ne sait que faire. Tout à coup, il se dirige rapidement vers Zépo et lui touche doucement l'épaule, en disant:

Zapo: Chat!* (*A son père, tout content.*) Ça, y est! Un prisonnier!

M. Tépan: C'est bon, et maintenant, qu'est-ce que tu vas en faire?

Zapo: Je ne sais pas, mais si ça se trouve on me nommera peut-être caporal.

M. Tépan: En attendant, attache-le!

Zapo: L'attacher? Pourquoi?

M. Tépan: Un prisonnier, ça s'attache!

Zapo: Comment?

M. Tépan: Par les mains.

Mme Tépan: Oui, c'est sûr, il faut lui attacher les mains. J'ai toujours vu faire comme ça.

ZAPO: Bon. (*Au prisonnier.*) Joignez les mains, s'il vous plaît.

ZÉPO: Ne me faites pas trop de mal.

ZAPO: Non.

ZÉPO: Aïe! Vous me faites mal.

M. TÉPAN: Allons, ne maltraite pas ton prisonnier.

Mᵐᵉ TÉPAN: C'est comme ça que je t'ai élevé? Combien de fois t'ai-je répété qu'il faut être prévenant envers son prochain.

ZAPO: Je ne l'ai pas fait exprès. (*A Zépo.*) Et comme ça, vous avez mal?

ZÉPO: Non, comme ça, non.

M. TÉPAN: Mais dites-le franchement, en toute confiance, ne vous gênez pas pour nous.

ZÉPO: Comme ça, ça va.

M. TÉPAN: Maintenant, les pieds.

ZAPO: Les pieds aussi, on n'en finit pas!

M. TÉPAN: Mais on ne t'a pas appris les règles?

ZAPO: Si.

M. TÉPAN: Eh bien!

ZAPO, *à Zépo, très poli*: Voudriez-vous avoir l'obligeance de vous asseoir par terre, s'il vous plaît?

ZÉPO: Oui, mais ne me faites pas de mal.

Mᵐᵉ TÉPAN: Tu vois, il va te prendre en grippe.

ZAPO: Mais non, mais non. Je ne vous fais pas mal?

ZÉPO: Non, c'est parfait.

ZAPO, *subitement*: Papa, si tu prenais une photo avec le prisonnier par terre et moi, un pied sur son ventre?

M. TÉPAN: Tiens, oui, ça aura de l'allure.

ZÉPO: Ah! non, ça non.

Mᵐᵉ TÉPAN: Dites oui, ne soyez pas têtu.

ZÉPO: Non. J'ai dit non et c'est non.

Mᵐᵉ TÉPAN: Mais c'est une petite photo de rien du tout, qu'est-ce que ça peut vous faire? Et on pourrait la mettre dans la salle à manger, à côté du brevet de sauvetage qu'a gagné mon mari il y a treize ans.

ZÉPO: Non, vous n'arriverez pas à me convaincre.

ZAPO: Mais pourquoi refusez-vous?

ZÉPO: Je suis fiancé, moi. Et si elle voit un jour la photo, elle dira que je ne sais pas faire la guerre.

ZAPO: Mais non, vous n'aurez qu'à dire que ce n'est pas vous, que c'est une panthère.

Mme TÉPAN: Allez, dites oui.

ZÉPO: C'est bon. Mais c'est seulement pour vous faire plaisir.

ZAPO: Allongez-vous complètement.

Zépo s'allonge tout à fait. Zapo pose un pied sur son ventre et saisit son fusil d'un air martial.

Mme TÉPAN: Bombe davantage le torse.

ZAPO: Comme ça.

Mme TÉPAN: Oui, comme ça, sans respirer.

M. TÉPAN: Prends l'air d'un héros.

ZAPO: Comment ça, l'air d'un héros?

M. TÉPAN: C'est simple: prends l'air du boucher quand il racontait ses bonnes fortunes.

ZAPO: Comme ça?

M. TÉPAN: Oui, comme ça.

Mme TÉPAN: Surtout, gonfle bien la poitrine et ne respire pas.

ZÉPO: Est-ce que ça va être bientôt fini?

M. TÉPAN: Un peu de patience. Un. . . deux. . . trois.

ZAPO: J'espère que je serai bien.

Mme TÉPAN: Oui, tu avais l'air très martial.

M. TÉPAN: Tu étais très bien.

Mme TÉPAN: Ça me donne envie d'avoir une photo avec toi.

M. TÉPAN: En voilà une bonne idée.

ZAPO: C'est bon. Si vous voulez, je vous la prends.

Mme TÉPAN: Donne-moi ton casque pour que j'aie l'air d'un soldat.

ZÉPO: Je ne veux pas d'autres photos. Une, c'est déjà beaucoup trop.

ZAPO: Ne le prenez pas comme ça. Au fond, qu'est-ce que ça peut vous faire?

ZÉPO: C'est mon dernier mot.

M. Tépan, *à sa femme*: N'insistez pas, les prisonniers sont toujours très susceptibles. Si on continue, il va se fâcher et nous gâcher la fête.

Zapo: Bon, alors, qu'est-ce qu'on va en faire?

Mme Tépan: On peut l'inviter à déjeuner. Qu'en penses-tu?

M. Tépan: Je n'y vois aucun inconvénient.

Zapo, *à Zépo*: Alors, vous déjeunerez bien avec nous?

Zépo: Euh. . .

M. Tépan: On a apporté une bonne bouteille.

Zépo: Alors, c'est d'accord.

Mme Tépan: Faites comme chez vous, n'hésitez pas à réclamer.

Zépo: C'est bon.

M. Tépan: *Alors, et vous, vous avez fait un beau carton?

Zépo: Quand?

M. Tépan: Mais, ces jours-ci. . .

Zépo: Où?

M. Tépan: En ce moment, puisque vous faites la guerre.

Zépo: Non, pas grand-chose, je n'ai pas fait un beau carton, presque jamais mouche.

M. Tépan: Et qu'est-ce que vous avez le mieux descendu? Les chevaux ennemis ou les soldats?

Zépo: Non, pas de chevaux, il n'y a plus de chevaux.

M. Tépan: Alors, des soldats?

Zépo: Ça, se peut.

M. Tépan: Ça se peut? Vous n'en êtes pas sûr?

Zépo: C'est que. . . Je tire sans viser. (*Un temps.*) En récitant un *Je vous salue Marie* pour le type que j'ai descendu.

Zapo: Un *Je vous salue Marie*? J'aurais cru que vous récitiez un *Notre Père*.

Zépo: Non, toujours un *Je vous salue Marie*. (*Un temps.*) C'est plus court.

M. Tépan: Allons, mon vieux, il faut avoir du courage.*

Mme Tépan, *à Zépo*: Si vous voulez, on peut vous détacher.

Zépo: Non, laissez, ça n'a pas d'importance.

M. Tépan: Vous n'allez pas commencer à faire des manières avec nous. Si vous voulez qu'on vous détache, dites-le.

Mme TÉPAN: Mettez-vous à votre aise.

ZÉPO: Alors, si c'est comme ça, détachez-moi les pieds, mais c'est bien pour vous faire plaisir.

M. TÉPAN: Zapo, détache-le (*Zapo le détache.*)

Mme TÉPAN: Alors, vous vous sentez mieux?

ZÉPO: Oui, bien sûr. Si ça se trouve, je vous dérange vraiment.

M. TÉPAN: Mais pas du tout, faites comme chez vous. Et si vous voulez qu'on vous détache les mains, vous n'avez qu'à le dire.

ZÉPO: Non, pas les mains, je ne veux pas abuser.

M. TÉPAN: Mais non, mon vieux, mais non, puisque je vous dis que ça ne nous dérange pas du tout.

ZÉPO: Bon. . . Alors, détachez-moi les mains aussi. Mais pour déjeuner seulement, hein? Je ne veux pas que vous pensiez qu'on m'en donne grand comme le petit doigt et que j'en prends long comme le bras.

M. TÉPAN: Petit, détache-lui les mains.

Mme TÉPAN: Eh bien, puisque monsieur le prisonnier est si sympathique on va passer une excellente journée à la campagne.

ZÉPO: Ne m'appelez pas monsieur le prisonnier. Dites prisonnier tout court.

Mme TÉPAN: Ça ne vas pas vous gêner?

ZÉPO: Mais non, pas du tout.

M. TÉPAN: Eh bien, on peut dire que vous êtes modeste.

Bruit d'avions.

ZAPO: Les avions. Ils vont sûrement nous bombarder.

Zapo et Zépo se jettent sur les sacs et se cachent.

ZAPO, *à ses parents*: Mettez-vous à l'abri. Les bombes vont nous tomber dessus.

Le bruit des avoins domine tous les autres. Aussitôt les bombes commencent à éclater.* Les obus tombent tout près de la scène mais ne l'atteignent pas. Vacarme assourdissant. Zapo et Zépo sont blottis entre les sacs.

M. Tépan parle calmement à sa femme qui lui répond
du même ton tranquille. On n'entend pas le dialogue à
cause du bombardement. Mme Tépan se dirige vers l'un
des paniers. Elle en sort un parapluie. Elle l'ouvre. Le
ménage Tépan s'abrite sous le parapluie comme s'il
pleuvait.* Ils sont debout. Ils se dandinent d'un pied
sur l'autre en cadence et parlent de leurs affaires per-
sonnelles. Le bombardement continue. Les avions
s'éloignent enfin. Silence. M. Tépan étend un bras
hors du parapluie pour s'assurer qu'il ne tombe plus
rien du ciel.

M. TÉPAN, *à sa femme*: Tu peux fermer ton parapluie.

Mme Tépan s'exécute. Tous deux s'approchent de leur
fils et lui donnent quelques coups légers sur le derrière
avec le parapluie.

M. TÉPAN: Allez, sortez. Le bombardement est fini.

Zapo et Zépo sortent de leur cachette.

ZAPO: Vous n'avez rien eu?

M. TÉPAN: Qu'est-ce que tu voulais qu'il arrive à ton père?
(*Avec fierté.*) Des petites bombes comme ça? Laisse-moi
rire!

Entre à gauche un couple de soldats de la Croix-Rouge.
Ils portent une civière.

PREMIER BRANCARDIER: Il y a des morts?

ZAPO: Non, personne par ici.

PREMIER BRANCARDIER: Vous êtes sûrs d'avoir bien
regardé?

ZAPO: Sûr.

PREMIER BRANCARDIER: Et il n'y a pas un seul mort?

ZAPO: Puisque je vous dis que non.

PREMIER BRANCARDIER: Même pas un blessé?

ZAPO: Même pas.

DEUXIÈME BRANCARDIER, *au premier*: Eh bien, nous voilà

frais! (*A Zépo d'un ton persuasif.*) Regardez bien par-ci, par-là, si vous ne trouvez pas un macchabée.

PREMIER BRANCARDIER: N'insiste pas, ils t'ont bien dit qu'il n'y en a pas.

DEUXIEME BRANCARDIER: Quelle vacherie!

ZAPO: Je suis désolé. Je vous assure que je ne l'ai pas fait exprès.

DEUXIÈME BRANCARDIER: C'est ce que dit tout le monde. Qu'il n'y a pas de morts et qu'on ne l'a pas fait exprès.

PREMIER BRANCARDIER: Laisse donc monsieur tranquille!

M. TÉPAN, *serviable*: Si nous pouvons vous aider ce sera avec plaisir. A votre service.

DEUXIÈME BRANCARDIER: Eh bien voilà, si on continue comme ça je ne sais pas ce que le capitaine va nous dire.

M. TÉPAN: Mais de quoi s'agit-il?

PREMIER BRANCARDIER: Tout simplement que les autres ont mal aux poignets à force de transporter des cadavres et des blessés, et que nous n'avons encore rien trouvé. Et ce n'est pas faute d'avoir cherché!

M. TÉPAN: Ah! oui, c'est vraiment ennuyeux! (*A Zapo.*) Tu es bien sûr qu'il n'y a pas de morts?

ZAPO: Évidemment, papa.

M. TÉPAN: Tu as bien regardé sous les sacs?

ZAPO: Oui, papa.

M. TÉPAN, *en colère*: Alors, dis-le tout de suite que tu ne veux rien faire pour aider ces messieurs qui sont si gentils!

PREMIER BRANCARDIER: Ne l'attrapez pas comme ça! Laissez-le. Il faut espérer qu'on aura plus de chance dans une tranche, qu'ils seront tous morts.

M. TÉPAN: J'en serais ravi.

Mme TÉPAN: Moi aussi. Il n'y a rien qui me fasse autant plaisir que les gens qui prennent leur métier à cœur.

M. TÉPAN, *indigné, à la cantonade*: Alors, on ne va rien faire pour ces messieurs?

ZAPO: Si ça ne dépendait que de moi, ce serait déjà fait.

ZÉPO: Je peux en dire autant.

M. Tépan: Mais, voyons, aucun de vous n'est seulement blessé?

Zapo, *honteux*: Non, moi, non.

M. Tépan, *à Zépo*: Et vous?

Zépo, *honteux*: Moi non plus. Je n'ai jamais eu de veine!

Mme Tépan, *contente*: Ça me revient! Ce matin en épluchant des oignons je me suis coupé le doigt. Ça vous va?

M. Tépan: Mais bien sûr! (*Enthousiaste.*) Ils vont te transporter immédiatement!

Premier brancardier: Non, ça ne marche pas. Avec les dames, ça ne marche pas.

M. Tépan: Nous ne sommes pas plus avancés.

Premier brancardier: Ça ne fait rien.

Deuxième brancardier: On va peut-être se refaire dans les autres tranchées.

Ils se remettent en marche.

M. Tépan: Ne vous en faites pas! Si nous trouvons un mort nous vous le gardons! Pas de danger qu'on le donne à quelqu'un d'autre!

Deuxième brancardier: Merci beaucoup, monsieur.

M. Tépan: De rien, mon vieux, c'est la moindre des choses.

Les brancardiers leur disent au revoir. Tous les quatre leur répondent. Les brancardiers sortent. *

Mme Tépan: C'est ça qui est agréable quand on passe un dimanche à la campagne. On rencontre toujours des gens sympathiques.* (*Un temps.*) Mais pourquoi est-ce que vous êtes ennemi?

Zépo: Je ne sais pas, je n'ai pas beaucoup d'instruction.

Mme Tépan: Est-ce que c'est de naissance ou est-ce que vous êtes devenu ennemi par la suite?

Zépo: Je ne sais pas, je n'en sais rien.

M. Tépan: Alors, comment êtes-vous venu* à la guerre?

Zépo: Un jour, à la maison, j'étais en train d'arranger le fer à repasser de ma mère et il est venu un monsieur qui m'a dit: «C'est vous Zépo? — Oui. — Bon, il faut que tu viennes à la guerre.» Alors moi je lui ai demandé: «Mais à quelle guerre?» et il m'a dit: «Tu ne lis donc pas les journaux? Quel péquenot!» Je lui ai répondu que si, mais pas les histoires de guerre. . .

ZAPO: Comme moi, exactement comme moi.

M. TÉPAN: Oui, ils sont venus te chercher aussi.

Mme TÉPAN: Non, ce n'est pas pareil, ce jour-là tu n'étais pas en train d'arranger un fer à repasser, tu réparais la voiture.

M. TÉPAN: Je parlais du reste. (*A Zépo*.) Continuez: après que s'est-il passé?

ZÉPO: Alors je lui ai dit que j'avais une fiancée et que si je ne l'emmenais pas au cinéma le dimanche, elle allait s'embêter. Il m'a dit que ça n'avait aucune importance.

ZAPO: Comme à moi, exactement comme à moi.

ZÉPO: Alors mon père est descendu et il a dit que je ne pouvais pas aller à la guerre parce que je n'avais pas de cheval.

ZAPO: Comme mon père a dit.

ZÉPO: Le monsieur a répondu qu'on n'avait plus besoin de cheval et je lui ai demandé si je pouvais emmener ma fiancée. Il a dit non. Alors, si je pouvais emmener ma tante pour qu'elle me fasse de la crème le jeudi; j'aime bien ça.

Mme TÉPAN, *s'apercevant qu'elle l'a oubliée*: Oh! la crème!

ZÉPO: Il m'a encore dit non.

ZAPO: Comme à moi.

ZÉPO: Et depuis ce temps-là, me voilà presque toujours seul dans la tranchée.

Mme TÉPAN: Je crois que toi et monsieur le prisonnier, puisque vous êtes si près l'un de l'autre et que vous vous ennuyez tellement, vous pourriez jouer l'après-midi ensemble.

ZAPO: Ah! non, maman, j'ai trop peur, c'est un ennemi.

M. TÉPAN: Allons, n'aie pas peur.

ZAPO: Si tu savais ce que le général a raconté sur les ennemis!

Mme TÉPAN: Qu'est-ce qu'il a dit?

ZAPO: Il a dit que les ennemis sont des gens très méchants. Quand ils font des prisonniers, ils leur mettent des petits cailloux dans les chaussures pour qu'ils aient mal en marchant.

Mme TÉPAN: Quelle horreur! Quels sauvages!

M. TÉPAN, *à Zépo, indigné*: Et vous n'avez pas honte de faire partie d'une armée de criminels?

ZÉPO: Je n'ai rien fait, moi. Je ne suis mal avec personne.

Mme TÉPAN: Il voulait nous avoir avec ses airs de petit saint!

M. TÉPAN: On n'aurait pas dû le d'hetacher. Si ça se trouve, il suffira qu'on ait le dos tourné pour qu'il nous mette un caillou dans nos chaussures.

ZÉPO: Ne soyez pas si méchants avec moi.

M. TÉPAN: Mais comment voulez-vous qu'on soit? Je suis indigné. Je sais ce que je vais faire: je vais aller trouver le capitaine et lui demander qu'il me laisse faire la guerre.

ZAPO: Il n'acceptera pas: tu es trop vieux.

M. TÉPAN: Alors je m'achèterai un cheval et une épée et je viendrai faire la guerre à mon compte.

Mme TÉPAN: Bravo! Si j'étais un homme j'en ferais autant.*

ZÉPO: Madame, ne me traitez pas comme ça. D'ailleurs, je vais vous dire: notre général nous a dit la même chose sur vous.

Mme TÉPAN: Comment a-t-il osé faire un mensonge pareil?

ZAPO: Mai, vraiment, la même chose?

ZÉPO: Oui, la même chose.

M. TÉPAN: C'est peut-être le même qui vous a parlé à tous les deux.

Mme TÉPAN: Mais si c'est le même, il pourrait au moins changer de discours. En voilà une façon de dire la même chose à tout le monde.

M. TÉPAN, *à Zépo, changeant de ton*: Encore un petit verre?

Mme TÉPAN: J'espère que notre déjeuner vous a plu?

M. TÉPAN: En tout cas, c'était mieux que dimanche dernier!

ZÉPO: Que s'est-il passé?

M. TÉPAN: Eh bien, on est allé à la campagne et on a posé les provisions sur la couverture. Pendant qu'on avait le dos tourné une vache a mangé tout le déjeuner, et même les serviettes.

ZÉPO: Quel goinfre, cette vache!

M. TÉPAN: Oui, mais après, pour compenser, on a mangé la vache. (*Ils rient.*)

ZAPO, *à Zépo*: Ils ne devaient plus avoir faim!

M. TÉPAN: A la vôtre! (*Tous boivent.*)

Mme TÉPAN, *à Zépo*: Et dans la tranchée, qu'est-ce que vous faites pour vous distraire?

ZÉPO: Pour me distraire, je passe mon temps à faire des fleurs en chiffon. Je m'embête beaucoup.

Mme TÉPAN: Et qu'est-ce que vous faites de ces fleurs?

ZÉPO: Au début, je les envoyais à ma fiancée, mais un jour elle m'a dit que la serre et la cave en étaient déjà remplies, qu'elle ne savait plus quoi en faire et que, si ça ne me dérangeait pas, je lui envoie autre chose.

Mme TÉPAN: Et qu'est-ce que vous avez fait?

ZÉPO: J'ai essayé d'apprendre à faire autre chose mais je n'ai pas pu. Alors je continue à faire des fleurs en chiffon pour passer le temps.

Mme TÉPAN: Et après, vous les jetez?

ZÉPO: Non, maintenant j'ai trouvé le moyen de les utiliser: je donne une fleur pour chaque copain qui meurt. Comme ça je sais que même si j'en fais beaucoup il n'y en aura jamais assez.

M. TÉPAN: Vous avez trouvé une bonne solution.

ZÉPO, *timide*: Oui.

ZAPO: Eh bien, moi, je fais du tricot, pour ne pas m'ennuyer.

Mme TÉPAN: Mais, dites-moi, est-ce que tous les soldats s'embêtent comme vous?

ZÉPO: Ça dépend de ce qu'ils font pour se distraire.

ZAPO: De ce côté-ci, c'est la même chose.

M. TÉPAN: Alors, arrêtons la guerre.

ZÉPO: Et comment?

M. TÉPAN: Très simple: toi dis* à tes copains que les ennemis ne veulent pas faire la guerre, et vous, vous dites la même chose à vos collègues. Et tout le monde rentre chez soi.

ZAPO: Formidable!

Mme TÉPAN: Comme ça vous pourrez finir d'arranger le fer à repasser.

ZAPO: Comment se fait-il qu'on n'ait pas eu plus tôt cette bonne idée?

Mme TÉPAN: Seul, ton père, peut avoir de ces idées-là: n'oublie pas qu'il est ancien élève de l'école normale, et philatéliste.

ZÉPO: Mais que feront les maréchaux et les caporaux?

M. TÉPAN: On leur donnera des panoplies* pour être tranquilles!

ZÉPO: Très bonne idée.

M. TÉPAN: Vous voyez comme c'est facile. Tout est arrangé.

ZÉPO: On aura un succès fou.

ZAPO: Mes copains vont être rudement contents..

Mme TÉPAN: Qu'est-ce que vous diriez si on mettait le disque* de tout à l'heure pour fêter ça?

ZÉPO: Parfait!

ZAPO: Oui, mets le disque, maman.

> Mme *Tépan met un disque. Elle tourne la manivelle. Elle attend. On n'entend rien.*

M. TÉPAN: On n'entend rien.

Mme TÉPAN, *elle se rapproche du phono*: Ah! je me suis trompée! Au lieu de mettre un disque j'avais mis un béret.*

> *Elle met le disque. On entend un air gai.* Zapo danse *avec Zépo et Mme Tépan avec son mari.* Ils sont tous *très joyeux. On entend le téléphone de campagne. Aucun des quatre personnages ne l'entend. Ils continuent, très affairés, à danser. Le téléphone sonne encore une fois. La danse continue. Le combat reprend avec grand fracas de bombes, de coups de feu, et de*

crépitements de mitraillettes. Ils* n'ont rien vu et ils continuent à danser joyeusement. Une rafale de mitraillette les fauche tous les quatre. Ils tombent à terre, raides morts.* Une balle a dû érafler le phono: le disque répète toujours la même chose comme un disque rayé. On entend la musique du disque rayé jusqu'à la fin de la pièce. Entrent, à gauche, les deux brancardiers. Ils portent la civière vide. Immédiatement.*

Rideau.

Madrid, 1952.

NOTES TO *PIQUE-NIQUE EN CAMPAGNE*

91 **Pique-nique en campagne**: In *Théâtre*, vol. 2 (with *Guernica, Le Labyrinthe, Le Tricycle*, and *La Bicyclette du condamné*) (Christian Bourgois éditeur, revised; preface by Geneviève Serreau), Paris, Collection 10/18, Union Générale d'Éditions, 1975. This play also appears in an earlier Bourgois edition (*Théâtre*, vol. 2, 1968). For the title in English, see Introduction. Differences between the text reproduced here and the text of the same play as it was actually performed (from 25 April 1959, at the Théâtre de Lutèce in Paris, directed by Jean-Marie Serreau) and published also in the Julliard edition (*Théâtre* vol. 2, Paris, Julliard, 1961, with original preface by Geneviève Serreau) are indicated in the notes which follow. The play was first published in March 1958 in the review *Les Lettres Nouvelles*, vol. 20.

93 **Brancardier**: The 'brancardiers' are 'infirmiers' in the Julliard (performed) text, which gives the following additional information:

Cette pièce a été représentée pour la première fois le 25 avril 1959 à Paris, au Théâtre de Lutèce, mise en scène par Jean-Marie Serreau, avec la distribution suivante, par ordre d'entrée en scène:

Zapo .... André Gille
Monsieur Tépan .... Philippe Kellerson
Madame Tépan .... Eléonore Hirt
Zépo .... Michaël Goldmann
Premier Infirmier .... José Valverde
Deuxième Infirmier .... André Pignoux.

94 **Fils de fer barbelés d'un bout à l'autre de la scène**: Filling a large part of the stage so as to suggest, as well as a battle scene, an atmosphere of oppressive entanglement. This may be compared and contrasted with the use of a maze of blankets fixed to clothes-lines across the entire stage in Arrabal's *Le Labyrinthe*, written four years later (1956). In that play the bizarre, seemingly comic, set is used with increasingly sinister effect as the plot develops, whereas here, until the end, on the contrary, the grim set contrasts ironically with the absurdly comic and largely carefree substance of the action.

A vos ordres: Repeated in Julliard.

95 **tout ceci n'est qu'un jeu**: For Arrabal, life itself is a game, mostly of chance, in which confusion reigns. The ludic aspects of his theatre are predominant, and used for structural as well as philosophical purposes. See Introduction.

était: Julliard has 'se trouvait'.

son uniforme vert: This enthusiastic reminiscence by M. Tépan is couched in the same direct, unadorned style which is characteristic of the rest of the dialogue. Like Adamov in *Le Professeur Taranne*, but for different reasons, Arrabal prefers not to wax lyrical or even eloquent. In *Le Panique*, he writes:

Le langage dit «poétique», dans le meilleur des cas, me semble inefficace, ou bien il devient un artifice qui distrait l'attention du spectateur l'empêchant de s'attacher à ce qui se passe sur scène, de se laisser envoûter. Au théâtre la poésie, le dialogue poétique, naît du cauchemar, de ses mécanismes, des relations qu'entretiennent le quotidien et l'imagi-

96 **me suis-je mise**: Julliard has 'je me suis mise'.

    à loi le pompon: You win!

    comme elle est à cheval sur les principes: what a stickler she is for principles.

97 **mouche**: bull's eye ('carton' is used for a cardboard target).

    Notre Père: a reflection of Arrabal's strict religious upbringing.

98 **un disque**: Julliard has 'un disque: un pasodoble'.

    Mais oui Madame!: Julliard has 'Mais oui Madame, ollé!'

    Chat!: Got you! An early indication that Zapo, though terrified of real war, is happy to play war-games, so long as they are played with the innocent gentleness associated with other games played by young children. In *La Bicyclette du condamné* (1959), Viloro is another character who likes to play childish games, much to his cost. He longs to be left in peace to play a simple scale on a piano, or to play with a balloon or toy soldiers, but he is unable to free himself from the mocking, menacing, cruel presence of other men who are set on punishing him for indulging in these innocent pleasures.

101 **Alors, et vous, vous avez fait un beau carton? [. . .] Allons, mon vieux, il faut avoir du courage**: By making this part of the dialogue between M. Tépan and Zépo an almost exact replica of the earlier exchange between M. Tépan and his son, Arrabal emphasizes the twin-like resemblance between Zapo and Zépo, already suggested by their names. Like the two characters in *L'Architecte et l'Empereur d'Assyrie*, Zapo and Zépo may also be regarded as representing two sides of the same person, only with much closer identity in their case.

102 **éclater**: Julliard has 'tomber'.

103 **sous le parapluie comme s'il pleuvait**: A farcical expedient which Arrabal uses again in *L'Architecte et l'Empereur d'Assyrie*, when the two men take shelter beneath an umbrella as a hydrogen bomb is about to fall

on their heads. Lewis Carroll's Tweedledee uses an umbrella for a somewhat less ridiculous purpose. See Introduction.

105 **brancardiers sortent:** This episode of the disappointed stretcher-bearers, gaily comic on the surface if grotesquely bleak underneath, is reminiscent of the Fireman trying in vain to find a fire to deal with in Ionesco's *La Cantatrice chauve* (1950).

C'est ça qui est agréable quand on passe un dimanche à la campagne. On rencontre toujours des gens sympathiques: One of the most successfully ironic and absurd remarks in the play.

êtes-vous venu: Julliard has 'est-ce que vous, êtes venu'.

107 **j'en ferais autant:** Julliard has 'je ferais pareil'.

109 **toi dis:** Evidently a misprint. Julliard has 'toi tu dis'.

panoplies: Julliard has 'des guitares et des castagnettes'.

le disque: Julliard has 'le pasodoble'.

un béret: Peter Podol notes that this attempt to play a beret rather than a record on a gramophone is one of several instances in the play of humour which reflects Arrabal's interest in the music hall and in silent film (*Fernando Arrabal*, Boston, Twayne, 1978, pp. 30–1).

un air gai: Julliard has 'un joyeux pasodoble'.

Zapo danse avec Zépo et Mme Tépan avec son mari: Alice similarly finds herself dancing spontaneously with Tweedledum and Tweedledee. 'The next moment they were dancing round in a ring' (Carroll, *The Annotated Alice*, New York, Clarkson N. Potter, 1960, p. 232).

110 **Ils:** Julliard has 'Tous les quatre'.

Ils tombent à terre, raides morts: A cruel turn of events echoed in *Guernica*, when Fanchon and Lira are buried alive in the rubble, and in *La Bicyclette du condamné*, when poor Viloro is killed by Paso. In those two plays, two balloons and a single balloon respectively, symbolizing childlike purity, are seen to rise up from the dead bodies and disappear in the sky.

Immédiatement.: Julliard has 'Immédiatement,'. The comma links, more logically, the re-entering of the stretcher-bearers with the falling of the curtain.